ロング新書

すぐに使える
「ひらがな韓国語」

無料音声ダウンロード付き

高 信太郎

はじめに——韓国語は，話せば話すほど面白くなる

「よろぶん. あんにょんはしむにか. 高 信太郎むにだ.」
……みなさん，こんにちは。高 信太郎です。

ハングル（韓国で使われる固有の文字のこと）というのは，世界一やさしい表音文字です。

ところが，どうしてもハングルが好きになれない，「ハングル・アレルギー」の人が意外に多いんですね。ところがその人たちは，決して韓国語が嫌いなわけではない。むしろ何とか話してみたい，と思っている。せっかく韓国に興味を持っているのに，残念です。なんとかならないものか。

そこで，考えました。

昔，ぼくらは英語を，必死で「カタカナで」書き留めようとしました。"Ｓｉｔ　ｄｏｗｎ　ｐｌｅａｓｅ."を「シランプリ」とか。英語を書くことができなかったわけだから，方法はそれしかなかった。

中国の程陽に旅行したときのことです。現地の人が，カタコトの日本語で話しかけてきました。日本語を教えてほしいというのです。彼は，ぼくの話す日本語を，漢字の〝音〟を当てはめて，メモしていました。まるで江戸時代の日本人がアメリカを「亜米利加」と書いたようにです。

韓国クラブの女の子もそうでした。日本の歌謡曲の歌詞を，日本語のまま（つまり聞こえるまま）ハングルで書いていました。カラオケの日本語の歌詞を見ないで，手帳のハングルを見ながら，ちゃんと歌っている。

これだ！　と思いました。この逆をやればいいんだと。

3

しかし，こういうやり方は，たとえば韓国語をマスターして，韓国語の先生になろうという人には不都合な点があるでしょう。でも，ちょっと話をしてみたい，韓国語でコミュニケーションしてみたい，という人にとっては，楽な方法なのではないか，と思ったわけです。

　というわけで，この本には，ハングルはいっさい出てきません。つまり韓国語を，日本語の〝ひらがな〟で覚えよう，という本なのです。韓国語の発音を，できるかぎり〝ひらがな〟で表現してみようという，はじめての試みです。なぜひらがなかというと，カタカナよりも読みやすいからですね。なお，この本にある韓国語のひらがな表記では，「へ」も「は」もすべてそのまま発音して下さい。「え」や「わ」にはなりません。

　韓国には若い方にも，年配の方にも，日本語を勉強してみよう，という方がたくさんいらっしゃいます。

　相手がそうなのに，こちらは手をこまねいているというのは，ちょっと失礼なんじゃないでしょうか?

　韓国人は，私たち日本人にとって，知り合う機会が一番多い外国人です。韓国人の知り合いがいる，ハングルは苦手だけど，韓国語で話してみたい，日本に来る韓国人に，何か働きかけたい――そんな方のために，この本を書きました。

　韓国語を話せると，本当におもしろいですよ。日本にいて使う機会の一番多い外国語だと思います。英語はともかく，フランス語，ドイツ語，イタリア語，ロシア語などよりもね。

　日本人が韓国語を話すと，彼らは本当に喜んでくれます。アメリカで〝I'm　from　Japan.（日本から来ました）〟と言っても，〝So　what?

4

はじめに 韓国語は，話せば話すほど面白くなる

（それがどうしたの？）〟てなもんですよ。

　でも韓国で〝**いるぼねそ　わっすむにだ.**（日本から来ました）〟と言ったり，日本に来ている韓国人に〝**はんぐんさらみえよ？**（韓国人ですか？）〟と言っただけで，彼らは本当に喜んでくれます。通じることがこんなにうれしい外国語は，ちょっと他にはないんじゃないでしょうか？

　韓国語は，日本語ととてもよく似ています。どちらもウラル・アルタイ語族ですから，あたりまえなんですけどね。だから，日本人にはとっつきやすいはずなんです。

　外国語を身につけるには，大きな声で何度も音読するのが一番ですね。本書では，日本語と韓国語が上下に並べてありますから，日本語を見ながら，韓国語を音読することをおすすめします。

　とにかく，力まずに気楽に読んでください。韓国の文化や習慣，考え方などがわかるように，読み物としても面白いように書きました。

　韓国や，韓国語，韓国人について，興味を持つ方がひとりでも増えるように願っています。

　ちょんまる　かむさはむにだ（どうもありがとう）.

高　信太郎

とっさのひとこと　韓国語

●　●　●　● も く じ ●　●　●　●

はじめに　　韓国語は，話せば話すほど面白くなる　　*3*

PART 1　思わず口をつく "とっさのひとこと"　*11*

1. 最初のひとこと　*12*
2. 相手の話がわからないとき　*14*
3. 会話を楽しくするひとこと　*16*
4. ありがとう　*18*
5. ごめんなさい　*20*
6. あいづち　*22*
7. 確認する　*24*
8. 断る　*26*
9. 賛成する／反対する　*28*
10. 不快を表す／苦情を言う　*30*
11. 別れる　*32*

コーシンの "韓国小咄" ①　"Yes" "No" はハッキリと！　*34*

PART 2 出会った人と親しくなれる「短いフレーズ」 35

1. 出会いのあいさつ 36
2. 相手のスケジュールを聞く 40
3. 食事に誘う 42
4. 酒の席で 44
5. いっしょにショッピング 46
6. 感激を表す 48
7. ほめる 50
8. はげます 52
9. 心配する 54

コーシンの"韓国小咄"② "ソービスソービス！" 56

PART 3 電話でよく使うフレーズ 57

1. 電話をかける，受ける 58
2. 待ち合わせの約束 60
3. 久しぶり／はじめまして 62
4. 相手がいないとき 64
5. 間違い電話，留守番電話 66

コーシンの"韓国小咄"③ 男言葉，女言葉 68

PART 4　数と暦　69

1. 数の数え方　70
2. 順番　72
3. 年齢，長さ・重さ・体積　74
4. 計算，分数，小数　76
5. 時刻　78
6. 年月日，曜日　80

コーシンの"韓国小咄"④　数字のおぼえ方　82

PART 5　男と女の「愛のひとこと」　83

1. 楽しいおしゃべり　84
2. デートに誘う　86
3. 自分のことを話す　88
4. 恋のかけひき　90
5. 上手なウソのつきかた　92
6. かわいさ余って憎さ百倍　94
7. キズつけない断り方　96
8. 好きで好きでたまらない　98
9. 愛のトラブル　100
10. 恋の終わり　102
11. 仲直り　104
12. 結婚　106

コーシンの"韓国小咄"⑤　何のために「カンパイ」？　108

PART 6 日本を紹介する 109

1. 言葉（日本語，漢字，ことわざ） 110
2. すもう 112
3. 生け花，茶道 114
4. キモノ 116
5. 日本の一年 118
　　①春……サクラ，ゴールデンウィークetc. 118
　　②夏……七夕，高校野球etc. 120
　　③秋……芸術の秋，紅葉狩りetc. 122
　　④冬……クリスマス，正月etc. 124
コーシンの "韓国小咄"⑥ 韓国の中の日本文化 126

PART 7 誤解をまねくひとこと 127

1. 使わない方がいいことば 128
2. 誤解されないために 130
3. 嫌われる話し方 132
4. 東方礼儀之国 134
5. 政治，歴史，思想の話 136
コーシンの "韓国小咄"⑦ 私は"チョッパリ"です 138

PART 8 韓国語 "連想暗記術" 139

本文イラスト　高 信太郎

PART 1

思わず口をつく
"とっさのひとこと"

"しじゃき ぱにだ."
「始めた時が半分」
やろうと決心したら半分できたも同じ，という意味。

1 最初のひとこと

"あんにょんはしむにか？"は朝から晩までOK

"あんにょん"は漢字で"安寧"と書きます。「すこや
か」の意味です。"はしむにか？"は「していますか？」
で，朝昼晩のいずれのあいさつにも使えます。

■ 「おはようございます」「こんにちは」「こんばんは」
　"あんにょんはしむにか？"

親しい人には"あんにょんはせよ？"でいいでしょう。

とっさに使えるフレーズ

こんがん はしょすむにか？＝お元気でしたか？

おっとけ ちねしょっそよ？＝どうしてました？

おっと　しょっそよ？＝どうしてた？

　　"こんがん"は漢字で"健康"のこと。"はしょ
　　っすむにか？"は"はしむにか？"の過去形で，
　　直訳すれば「健康でいらっしゃいましたか？」。も
　　ちろん"あんにょん はしょっすむにか？"＝「お
　　元気でしたか？」もOK。

■ 「お久しぶりですね」
　"おれがんまにむにだ."

これは決まり文句です。このまま覚えましょう。

　親しい友人などなら"おれがんまにや"だけでも大丈
夫。モデルガン収集家気取りで「俺，ガンマニア」と覚
えてもいいですね。

「また会いましたね」なら"と まんなんねよ."です。ぼ
くの大好きな歌手チュ・ヒョンミさんのヒット曲の中に

12

PART1 思わず口をつく"とっさのひとこと"

も同じタイトルのものがあります。

■ 「いい天気ですね」
"**ちょうんなるしくんにょ.**"

"**なるし**"は「天気」です。"**ちょうん**"が「いい」で
すから"**ちょうんなるし**"は「いい天気」となります。

"**くんにょ**"は,「ですね」ですが,"**ちょうんなるしね
よ.**"とやわらかく言ってもいいでしょうね。

反対は"**ちょっちあぬんなるしくんにょ.**"=「よくな
い天気ですね」となります。

┌ とっさに使えるフレーズ ┐

とぷすむにだ. =暑いですね。

とおよ. =暑いね。

ちゅぷすむにだ. =寒いです。

ちゅおよ. =寒いね。

「すごく」をつけたいときは"**のむ**"か"**もぷ
し**"をつけるといいでしょう。

のむ とおよ. =すごく暑いね。

もぷし とぷすむにだ. =すごく暑いですね。

のむ ちゅおよ. =すごく寒いね。

もぷし ちゅぷすむにだ. =すごく寒いてす。

「すごく」の2倍「ものすごく」と言いたいとき
は"**のむ**"を2度くり返せばよろしい。

のむのむ とおよ. =ものすごく暑いね。

のむのむ ちゅおよ. =ものすごく寒いね。

日本語の「めちゃめちゃ」の感じになります。

2 相手の話がわからないとき

これだけ言えれば恥ずかしくない

　相手の話がわからないときは，いいかげんなあいづち
を打たないで，すぐにたずねましょう。また，こちらの
話が正しく相手に伝わっているかも確認しましょう。

■ 「もう一度おっしゃって下さい」
　〝はんぼん と まるすむへ ちゅせよ.〟

　〝はんぼん と〟が「もう一度」，〝まるすむへちゅせ
よ.〟が「おっしゃってください」です。

　〝たし はんぼん.〟でも「もう一度」となります。友人
ならこれだけでもいいでしょう。相手の言ったことがわ
からなかったときに使いましょう。

　とっさに使えるフレーズ

　むおらごはしょすむにか？

　＝なんとおっしゃいましたか？

■ 「わかりますか？」
　〝あるげっすむにか？〟

　〝あるだ〟が「わかる」。〝げっすむにか？〟をつける
と「わかりますか」となります。韓国人に対して，こち
らが日本語で話しているときなどに使えます。

　逆に，韓国語で話しているときに，相手から言われる
こともあるでしょう。わかったら〝あるげっすむに
だ.〟＝「わかります」と言いましょう。

14

PART1 思わず口をつく "とっさのひとこと"

■ 「わかる？」　　「わかる」
　"あらよ？"　　　"あらよ."

　"あるげすむにか？" の親しみやすい言い方です。"あらよ？(↗)" と語尾を上げれば「わかる？」となり，"あらよ.(↘)" と語尾を下げれば「わかる」になります。即席ラーメン出前一丁のコマーシャルの "あらよ" とおぼえましょう。

■ 「どういう意味ですか？」
　"おっとん ういみむにか？"

　"おっとん" は「どういう」です。"ういみ" は漢字の "意味" の韓国読み。これも似てますね。

　"むすん とぅしむにか？" という言い方もあります。「えっ！　なんですって？」なら "えっ！ むおらごよ？"。「今，なんて言ったの？」なら "ちぐむ むおらごへんに？"。

■ 「わからない？」　　「わからない」
　"もらよ？"　　　　"もらよ"

　"もるげっすむにか？" の親しい言い方。"あらよ？" =「わかる？」と同じく語尾を上げれば疑問文です。

　とっさに使えるフレーズ

　くごすろぬん もるげっそよ. ＝それではわかりません。
　みあねよ もらよ. ＝ごめんなさい，わかりません。
　ちゃる あらよ. ＝よく知ってるよ。

■ 「もう少し，ゆっくり話してください」
　"ちょぐむ と ちょんちょんにまるすむはしぷしお."

　"まるすむはせよ" でもOK。韓国人はものすごい早口です。"ちょんちょんに!!" =「ゆっくり」と言いましょう。

15

3 会話を楽しくするひとこと

オーバーなくらいでちょうどいい

　知り合った韓国人と会話をする。楽しい会話なら，盛り上がります。韓国人は身ぶり手ぶりも大きく，日本人からみると少しオーバーではと思うくらいの話し方をします。実に楽しいですよ。

■ 「それ，楽しそう」
　　"くごちぇみっけんねよ."

　「今度の土曜日，パーティーをやろう！」という案に，カンパツを入れず反応する言葉。「いいね」の意味になります。

　とっさに使えるフレーズ

ちゅるごぷた. ＝楽しい。

くまる ちょんねよ. ＝その話，いいね。

きではむにだ！ ＝楽しみ！

■ 「いい案が浮かんだ」
　　"ちょうんせんがぎとおるだ."

　"ちょうん"は「いい」，"せんがぎとおるだ"は「考えが浮かんだ」です。

　とっさに使えるフレーズ

てぐん おっとけ せんがかせよ？

＝あなたはどう思いますか？

　　　"てぐ"は"宅"の韓国読み。

てくと くろっけ ぬっきしむにか？

＝あなたも，そう感じますか？

16

PART1 　思わず口をつく"とっさのひとこと"

■ 「決定！」
　"きょるちょん！"

　"決定！"という漢字の韓国読みが"きょるちょん！"です。「決まりましたね」とか「決めました」というような場面で使いましょう。

■ 「そんな話は，初めて聞きますが」
　"くろんまる ちょうむ とぅろぬんでよ."

　"くろんまる"は「そんな話」，"ちょうむ"は「初めて」です。「初めてですか？」なら"ちょうみむにか？"となります。「はい，初めてです」は"ねー ちょうむいむにだ"となります。

■ 「さあ，やろう」
　"ちゃーはぷした."

　"ちゃー"が日本語の「さあ」です。"はぷした"は「やろう」とか「しよう」の意味でとても便利です。例えば「～しよう」というときは"～はぷした"と言えばOK。「食事しよう」なら"しくさはぷした"，「勉強しよう」なら"こんぶはぷした"という具合です。

> **とっさに使えるフレーズ**
>
> **くろっけはぷした！**＝そうしよう！
> **くまんとぅぷした．**＝よそうよ。
> **なぬんあんへよ．**＝私はやめておく。
> **かっちあのれよ？**＝いっしょに来ない？
> **なぬんむおするはじよ？**＝私はなにをするの？

4 ありがとう

心を通わせる感謝のことば

　お世話になった人には，感謝の意を伝えましょう。おなじみの"**かむさはむにだ.**"＝「ありがとうございます」の他にも，いろいろあります。

■ 「どうもありがとうございます」
　　"**ちょんまる　かむさはむにだ.**"

　"**ちょんまる**"が「どうも」。"**かむさはむにだ**"の"**かむさ**"は漢字で"**感謝**"と書きます。「感謝します」だから，「ありがとうございます」になるわけですね。

　とっさに使えるフレーズ

　ちょんまる　こまっぷすむにだ.
　　＝本当にありがとうございます。

　とわちょそ　かむさはむにだ.
　　＝助けてくれてありがとうございます。

　ちんじょる　かむさはむにだ.
　　＝ご親切，ありがとうございます。

■ 「どういたしまして」
　　"**ちょんまねまるすむいむにだ.**"

　"**ちょんまねまるすむいむにだ**"は「千万のお言葉でございます」の意味で「どういたしまして」となるわけです。英語の"You are welcome."ですね。くだけて"**ちょんまねよ**"と言うことが多いです。

　"It's all right."も，日本語では「どういたしまして」ですが，韓国語では"**けんちゃなよ**"になります。

18

PART1 思わず口をつく "とっさのひとこと"

"かむさ はむにだ" ➡ "ちょんまねよ"
  =ありがとう   =どういたしまして
"みあなむにだ" ➡ "けんちゃなよ"
  =すみません   =どういたしまして

■「大変，ありがとうございます」
"てだに かむさはむにだ."

"てだに" をつけると「大変」となり，最上級のお礼の
言葉になります。

韓国人は日本人から見ると少しオーバーな喋り方をす
るためか，この "てだに" はたびたび出てきます。

■「ありがとう」
"こまぷすむにだ."

"かむさはむにだ" が漢字語（中国から伝来した言葉に
由来するもの）であるのに対して，こちらは固有語（韓
国独自の言葉）です。

親しい人になら，"こまおよー." ＝「ありがとね」と
くだけて言ってもいいですね。

とっさに使えるフレーズ

まじゅんなわじゅしょそ かむさはむにだ.
＝お出迎えいただき，ありがとうございます。

■「とてもうれしいです」
"のむのむ きっぽよ."

"のむ" は，それだけで「とても」の意味なのですが，
韓国人は2度くり返して使います。日本の「メチャメチ
ャ」にあたりますね。

19

5 ごめんなさい

謝罪のことばは心をこめて

日本では呼びかけのときにも「すみません」を使いますが，韓国では違います。呼びかけは〝よぼせよ.〟＝「もしもし」を使い，〝みあん はむにだ.〟＝「すみません」は，あやまるときだけに使いましょう。

■「すみません（ごめんなさい）」
　〝みあん はむにだ.〟

親しい間では〝みあん みあん.〟なんて言いますが，それは日本の「ごめん，ごめん」の感じですね。

〝みあん〟は漢字の〝未安〟の韓国読みです。未だ安らかでないから「すまない」ということになるわけです。

また，これより強い言い方で〝ちぇそんはむにだ.〟＝「申し訳ありません」という言い方もあります。〝ちぇそん〟は，漢字で〝罪悚〟と書きます。〝未安〟と同じく日本では使われない言い方ですが，なんなくわかる気がしますね。

　とっさに使えるフレーズ

きだりげへそ みあん はむにだ.
＝お待たせして，すみません。

■「失礼いたしました」
　〝しるれへっすむにだ.〟

〝しるれ〟はそのまま漢字の〝失礼〟です。よく似てるからわかりますね。〝へっすむにだ〟は過去形です。これから失礼する（おいとまする）なんてときは〝しるれ は

20

PART1　思わず口をつく"とっさのひとこと"

げっすむにだ."と未来形で言いましょう。

　とっさに使えるフレーズ

ちょむ しるれはげっすむにだ.
＝ちょっと，失礼いたします。

てだに しるれへっすむにだ.
＝大変，失礼いたしました。

■「大変，ご迷惑をおかけしました」
"**しんせ まにじょすむにだ.**"

「お世話になりました」と同じことですが，このように
おわびのことばとしても使えます。

　似たものに"**ぺーまにきちょすむにだ.**"＝「お手数を
おかけしました」というのもあります。

　とにかくおわびは，ことばより心です。

■「お許しください」
"**よんそはしぷしお.**"

　これはもう，あやまるしかないというときに使うこと
ばですね。それでも相手が怒っていたら"**おっとけはみ
ょん よんそへちゅるすいんなよ？**"＝「どうすれば許し
てくれるの？」と言ってみましょう。

"**ちょにょく さるてにか よんそへちゅせよ.**"
＝「夕飯，おごるから，許して」なんて言ったらけっこ
う効くかもしれません。そんなときの返事は，おなじみ
の"**けんちゃなよ.**"＝「かまいません」ですね。

6 あいづち

相手をのせる，気のきいたひとこと

　話を聞きながら，短いあいづちを打ってみましょう。
世界一話好きの韓国人です。ますますノッて話は止まら
なくなるでしょう。

■ 「はい（ええ）」
　 "ねー（いえー）."

　この場合は，「はい」というよりも，日本語の「ええ」
と同じあいづちです。正式には "いえー" ですが，多く
の人が "ねー" を使っています。韓国人の友人が電話で
話しているのを聞いていたら，30分の間，彼が話したの
は "ねー" だけだったことがあります。一方的に話す相
手を前に，ひたすら聞き役になっていたのでした。

　短いので，どこにでもはさめる便利なあいづちです。
どんどん使いましょう。

■ 「本当ですか？」
　 "ちょんまるいむにか？"

　"ちょんまる" が「本当」で，"いむにか？" が「です
か？」です。くだけて言うときは "ちょんまりえよ？" ＝
「本当なの？」となります。

　"ちょんまる？" ＝「本当？」でも通じます。

　とっさに使えるフレーズ

　くろっすむにか？ ＝ そうなんですか？

　くれよ？ ＝ そうなの？

　よくし. ＝ やっぱり。

22

PART1 思わず口をつく"とっさのひとこと"

■ 「そうですね……」
　"**くるせよ**……."

　言葉につまり，ちょっと考えるときに便利です。英語の
"Let me see."の感じですね。考えてるフリをすれば，
相手も待ってくれるでしょう。

とっさに使えるフレーズ

ちぐむ せんがくちゅんいむにだ. ＝今，考えています。
むすんまる はごいっそっち？ ＝何を話してたんだっ
　　　　　　　　　　　　　　　　　　　　　　　け？

■ 「なるほど，そうですね」
　"**くぁよん　くろくんにょ.**"

　相手に同意するときのいい方。「本当にそうですね」な
ら"**ちょんまる　くろねよ.**"となります。

　親しい間の「そうだよ」なら"**くれまじゃ.**"でOK。

とっさに使えるフレーズ

あま. ＝たぶん。
くろねよ. ＝そうでしょうね。

■ 「それはもちろんですよ」
　"**くごや　むるろん　いじょ.**"

　"**むるろん**"は漢字の"**勿論**"の韓国読みです。

■ 「かまいませんよ」
　"**けんちゃんすむにだ.**"

　「OK」「大丈夫」「いいですよ」の意味で使います。

　"**けんちゃなよ.**"＝「かまわないよ」とくだけた表現で，
韓国を代表するような言葉です。時々それで困ってしま
うこともありますが……。

23

7 確認する

問い正す，「ツッコミ」を入れる

韓国人は，欧米人のようにユーモアが大好きです。うまく反応すれば会話はさらにもりあがるでしょう。

「冗談でしょ？」
　"のんだんいじょ？"

"のんだん"が「冗談」です。「冗談ですか？」なら"のんだんいむにか？"あるいは"のんだんいえよ？"になります。"のんだん？"＝「冗談？」でもいいですね。

「マジ？」
　"ちんちゃ？"

前にも出てきましたが，「本当？」と言うときには"ちょんまる？"を使います。

"ちんちゃ いむにか？""ちょんまるいむにか？"＝「本当ですか？」が，ていねいな言い方です。

　とっさに使えるフレーズ

むぉんが ちゃるもってんごあにゃ？
　＝なにかの間違いじゃないの？
くろんいるん おぷけっちよ.
　＝そんなことはないでしょう。

「間違いありませんね？」
　"とるりんこすんおむねよ？"

"とるりだ"が「間違える」ですので，それが"おむねよ？"は「ありませんね？」となります。

24

PART1 思わず口をつく"とっさのひとこと"

注意したいのは"**たるだ**"＝「違う」との混同です。これは韓国人もよく間違えるものですが，"**たるむにだ**"の「違います」は，「間違い」ではなく「別のもの」の意味です。

とるりん こすん おむねよ

■「私，そうは言ってないよね？」
 "**な　くろっけまるはじ　あなっそ？**"

"**あるごいっちょ？**"＝「知ってるでしょ？」も知っておきましょう。

とっさに使えるフレーズ

おっとけあらよ？
　＝なぜ（あなたがそのことを）知っているの？

■「〜ですか？」
 "**〜いむにか？**"

"**いむにだ**"が「です」。"**いむにか？**"は「ですか？」となります。くだけた言い方は"**いえよ**"です。疑問のときは語尾を上げて"**いえよ？（↗）**"と言いましょう。相手の言っていることに確認をとりましょう。

とっさに使えるフレーズ

くろんが．＝そうかな。
ちょまる？＝ホント？
ちょんまりや？＝ホントなの？
まじゃよ？＝合ってる？
こじまるあにえよ？＝ウソじゃないでしょ？

25

8 断る

Yes, Noはハッキリと！

　日本人に一番苦手な表現。韓国人はYes・Noがはっきりしています。日本人独特の遠まわしの言い方は通用しません。ダメならダメとはっきり言いましょう。"No"は"あーにょ"です。

■「ダメです」
"あんでむにだ."

　"てむにだ."が「いいです」。それに否定の"あん"をつけて"あんでむにだ."とすれば「だめです」になるわけです。普通"あんでよ."=「だめよ」とくだけて使われることが多いですね。

　"あんでよ. あんで"=「だめよ，だめ」という歌もあるくらいです。最初に聞いたとき思わず「なんでよ？なんで？」と日本語で聞き返してしまいました。

■「要りません」
"ぴりょ. おぷすむにだ."

　これは市場などでの決まり文句ですね。日本人が通りがかるといろんなものを売りにきます。"ぴりょ"は漢字の"必要"の韓国読みです。つまり"ぴりょ.おぷそ."=「必要ない」=「要りません」となるわけですね。

　"かむさはむにだまん. ちぐん ぴりょがおむねよ."=「ありがとう。でも，今は要りません」というふうに使います。"ぴりょいっすむにだ."は「要ります」ですね。

26

PART1 思わず口をつく "とっさのひとこと"

　とっさに使えるフレーズ

みあんはじまん けんちゃんすむにだ.
＝悪いけど，大丈夫です（要りません）。

| 「わかりません」
"もるむにだ."

"もるげっすむにだ."でも"もらよ."でもいいですね。
"ちゃる もらよ."＝「よくわかりません」となります。
"はんぐんまるん ちゃるもらよ."＝「韓国語はよくわか
りません」ですが，便利だからって，あんまり使わな
いようにね。

| 「いやです。嫌いです」
"しろよ."

「白は嫌いよ」とおぼえるといいですね。
　この"しろよ"は，人にも食べものにも，何にでも使
えてとても便利です。

| 「やめてください」
"くまんはせよ."

"くまんへちゅせよ."でもいいですね。「もうやめよう」
と言うときには"いじぇくまんはぷした."と言います。
市場の売り手の中には，女性の手をつかんで店の中に入
れようとする人もいますから，そんなときにはこれを言
いましょう。

| 「お金がありません」
"とに おぷそよ."

"とに"が「お金が」です。"おぷそよ."は「ありませ
ん」これが一番の断り方かもしれませんね。

27

⑨ 賛成する／反対する

意見の上手な伝え方

「私もそう思います」
〝**など くろっけ せんがくへよ.**〞

〝**ねー**〞が「はい」で〝**あーにょ**〞が「いいえ」です。
まずこれをハッキリ言ってから，自分の考えを言いましょう。

〝**賛成**〞はそのまま漢字の韓国読みで〝**ちゃんそん**〞，
〝**反対**〞は〝**ぱんで**〞です。

とっさに使えるフレーズ

とんがむにだ. ＝同感です。

〝**とんがむ**〞は漢字の〝**同感**〞の韓国読み。〝**く うぃぎ
ょね ちゃんそんいむにだ.**〞＝「その意見に賛成です。」
〝**うぃぎょん**〞は〝**意見**〞。

く うぃぎょね ぱんでむにだ. ＝その意見に反対です。

「異議あり！」
〝**うぃい いった！**〞

〝**うぃい**〞は〝**異議**〞という漢字の韓国読み。裁判や会
議などでおなじみですが，普通の会話で使ってもおもし
ろいですね。

「異議なし！」なら〝**うぃい おぷた！**〞となります。
つまり，〝**いった**〞が「ある」で〝**おぷた**〞が「ない」と
いうことです。ていねいに言うなら〝**いっすむにだ.**〞＝
「あります」，〝**おぷすむにだ.**〞＝「ありません」です。
よく出てくる言葉なのでしっかり覚えましょう。

28

PART1　思わず口をつく"とっさのひとこと"

■「私も言いたかったことです」
"**など** はごしぷんまりむにだ."

"**など**"は「私も」ですが,"**ちょど**"も「私も」となり,こちらの方が少しへりくだった言い方です。目上の人には"**ちょど はごしぷんまりむにだ.**"がいいでしょう。「言いたいこと,全部言われちゃった」なら"**まるはごしぷんごっ ちょんぶ いやぎへぼりょった.**"となります。"**ちょんぶ**"は漢字の"**全部**"です。

■「絶対イヤです」
"**ちょるて しるすむにだ.**"

お察しの通り"**ちょるて**"は"**絶対**"の韓国読みです。"**しるすむにだ**"は「嫌いです」の意味ですが,ここでは「イヤです」になります。"**ちょるて!!**"と言えば絶対通じるでしょう。

■「あなたはどう思いますか？」
"**たんしんぬん おっとけ せんがくはむにか？**"

ただ反対するのではなく,他の人の意見も聞いてみましょう。

■「意見が合うね」
"**ういぎょんにまんねよ.**"

"**ういぎょん**"は"**意見**"の韓国読みです。"**まんねよ**"は「合うね」です。

10 不快を表す／苦情を言う

"Yes" ばかりでは嫌われる

日本人は，外国人に対すると「がまんの民族」になりがちですが，気に入らないことや不満なことはしっかり言うべきです。そのあたりは韓国人を見習いたいですね。

「ああ，疲れた」
"あいご ぴごね."

"あいご"はおなじみ韓国の感嘆詞ですね。"ぴごん"は漢字で"疲困"と書きます。何か本当に疲れたというニュアンスの漢字ですね。"ああ ぴごなだ."でもいいでしょう。

「お腹がすいた」
"ぺーがこぱよ."

"ぺー"は「腹」のことですが，"こぱよ"が「すいた」だからこの"ぺー"が「腹」とわかるのです。韓国語には同音異義語が多く，"ぺー"だけでは何のことかわかりません。「船」も「梨」も「腹」もみな"ぺー"だからです。つまり"ただ"＝「乗る」，"もくた"＝「食べる」，"こぷた"＝「へる」というのがきて，はじめてその"ぺー"が何なのかわかるわけです。面白いですね。
「のどがかわいた」ときには"もぎ まらっよ."と言いましょう。うんとお腹のすいてるときは"ぺーこっぱ ちゅけっそよ!!"という言い方があります。「お腹がすいて死にそうだ」です。これは効くよ！

30

PART1 思わず口をつく "とっさのひとこと"

■「この部屋，暑すぎませんか？」
"いっぱんうん のむとぷちあんすむにか？"

"とぷた"が「暑い」です。お腹がすいたと同じように
"とうぉちゅけっそよ!!"＝「暑くて死にそうだ」という言い方があります。ちょっとオーバーな表現ですね。

■「失礼な人ですね」
"むれはんさらみね."

"むれはん"といい，この"むれ"は漢字の"無礼"です。
韓国では「無礼な人」が「失礼な人」になるわけですね。

■「納得できません」
"なぷとっかるすおぷそよ."

この"なぷとく"はそのまま"納得"です。ほとんど
同じですね。"はるす おぷそよ."は「することができない」ですから「納得できません」となるわけです。

■「なに考えてんのよ！」
"むおるせんがっかごいっそ！"

これは相手の考えを聞く"むおっするせんがくはごいっすむにか？"＝「なにを考えているのですか？」の意味ではなく，相手を非難するニュアンスです。

■「頭が痛い」
"もりあぱよ."

"もり"が「頭」で，"あぱよ"が「痛い」です。頭に
「鉗」が刺さったら痛いだろうな，とおぼえましょう。

もちろんこの「痛い」の意味は，悩んでいるということですが，普通に頭痛がするというときも**"もりがあぱよ."**でOKなのは日本と同じです。

31

11 別れる

「ありがとう」から「さようなら」まで

　人の関係は長かろうと短かかろうと，会ってから別れるまでの間です。終りよければすべてよし，たとえちょっとしたトラブルがあったとしても，機嫌を直して，よい別れ方をしたいものですね。

■ 「また会いましょう」
" **とまんなぷした.** "

" **ぷした** "は英語の" Let's "です。" **～ぷした** "は「～しよう」になります。" **とまんなぷした.** "は" **とまんなよ** "でもOK。

とっさに使えるフレーズ

なじゅんえ. ＝あとでね。

うおりょいるえ. ＝月曜日にね。

こっとまんなよ. ＝またすぐ会おうね。

くろむとまんなよ. ＝そのうちまたね。

あんにょん. ＝じゃあね（バイバイ）。

■ 「さようなら」
" **あんにょんひかせよ／あんにょんひけせよ.** "

　韓国語には「さようなら」が2つあります。居る人が，去る人に言うときは，" **あんにょんひかせよ.** "。去る人が居る人に言うときは" **あんにょんひけせよ.** "。

　「無事にいらしてください」＝" **かせよ** "と，「無事に居てください」＝" **けせよ** "の違いです。

　電話ではどちらも家に居ますから" **あんにょんひけせ**

PART1 思わず口をつく"とっさのひとこと"

よ。"となります。携帯電話の場合は別です。

■ 「本当に楽しかったです」
"ちょんまる ちぇみ いっそっすむにだ"

"ちぇみいった"は「面白い」ですが,「楽しい」にも使えます。

とっさに使えるフレーズ

おぬるん ちょんまる ちゅるごおっすむにだ.
＝今日は,本当に楽しかったです。
きぶに くぇんぢゃんひ ちょあよ.
＝気分がとてもいいです。

"きぶん"は"気分"の韓国読み。日本と同じですね。

■ 「おつかれさまでした」
"すごはしょっすむにだ."

ねぎらいの言葉です。親しい人なら"すごへっそよ."「おつかれさん」とくだけてもいいですね。

■ 「お世話になりました」
"しんせまに ぢょっすむにだ."

「いろいろ」をつけたいときは"よろかじろ"です。

コーシンの "韓国小咄" ①

"Yes", "No" はハッキリと！

　韓国を訪れた人がびっくりするのは，まずそのやかましさでしょう。車や，街に流れる音楽もですが，一番は人の話し声です。韓国語というのは同じ「K」の音でも平音・激音・濃音と３つもあり，それを表すために大きな声になってしまうのです。ナイショ話のできない言語だと言った人もいるくらいです。

　だから普通に話していても，日本人にはケンカのように聞こえてしまう。これが本当のケンカとなるとものすごい。**東大門（とんでむん）**とか**南大門（なむでむん）の市場（しじゃん）**の *"あじゅま"* ＝「おばさん」の口ゲンカなどものすごい迫力です。

　毎日，横で商売している人同士があんなケンカをして大丈夫なのかと心配になりますが，大丈夫なんですね。言いたいことは全部言ってしまって，あとはカラッとしています。そこへいくと日本人はジメッとしています。怒りで腹ワタが煮えくり返っているのに，顔はニコニコと笑っている。

　韓国人にとったら，こちらの方が気味が悪いらしいです。何を考えているかわからないと。韓国人には日本人の好きな以心伝心はまったく通じません。「こうしてほしい」とハッキリ言いましょう。

　それから，ジャパニーズスマイルのあいまいな *"No"* は絶対やめましょうね。 *"ぴりょおぷそよ。"* ＝「いりません」， *"しろよ。"* ＝「嫌いです」， *"はるすおぷた。"* ＝「できません」とハッキリ言いましょう。

PART 2

出会った人と親しくなれる「短いフレーズ」

"やんそね とっく."
「両手にもち」
2ついいことがある。両手に花の状態ですね。

出会いのあいさつ

TPOをわきまえたフレーズを覚えよう

韓国人と出会う機会はいろいろです。観光で韓国に行くのはもちろんですが、日本にもたくさんの韓国人が観光・留学・仕事などで来ています。場所や相手により、言い方も考えなければいけません。

■「はじめまして」
"**ちょうむ ぺっげっすむにだ.**"

"**ちょうむ**"は「はじめて」、"**ぺっげっすむにだ**"は「お目にかかります」です。このあいさつは誰にでも使えます。握手をするときは、右手のひじのところに左手の手のひらを軽くそえるのが礼儀です。特に目上の人には絶対です。

■「お名前はなんとおっしゃいますか？」
"**そんはみ おっとけ とえしむにか？**"

これは最高にていねいな聞き方です。目上の人や、初対面の人にたずねるのには、無難な言い方でしょう。

親しい関係か、明らかに目下の人なら、"**いるみもえよ.**"＝「名前何ていうの？」で大丈夫です。

すぐに使える便利な表現

たんしぬる おっとけ ぷるみょんてなよ？
＝あなたを、どう呼んだらいいですか？

いるみ むおらごへっちょ？
＝名前、なんでしたっけ？

ユイらごぷろちゅせよ.

PART2 出会った人と親しくなれる「短いフレーズ」

=ユイと呼んでください。

ぴょるみょんうん？

=ニックネームは？

　　　　　“**ぴょるみょん**”とは，「あだ名」のこと。“**別名**”の韓国語読み。

■ 「お会いできて，うれしいです」
“**まんなそ ぱんがぷすむにだ.**”

“**ぱんがぷすむにだ.**”だけでもOK。

“**きっぷむにだ.**”という言い方もあります。

　すぐに使える便利な表現

まんなそ きっぷむにだ.

=お会いできてうれしいです。

まんなぺっけでよ よんがんいむにだ.

=お会いできて光栄です。

　　　　相手にこう言われたら「私もうれしい」と言いましょう。“**ちょどきっぷむにだ.**”です。

■ 「どちらからいらっしゃいましたか？」
“**おでそ おしょっすむにか？**”

“**おでそ**”は「どこから」です。“**おしょっすむにか？**”はくだけて“**おしょっそよ？**”と言います。

　答えは“**〜えそ わっすむにだ.**”=「〜から来ました」です。“**わっそよ**”でもOKです。

　すぐに使える便利な表現

いるぼねそわっすむにだ. =日本から来ました。

はんぐげそわっすむにだ. =韓国から来ました。

はんぐげおでえそ？=韓国のどこから？

はんぐげかんぢょぎいっすむにだ.

=韓国に行ったことがあります。

37

■ 「お仕事はなんですか？」
〝**ちごぷん むおしむにか？**〟

〝**ちごぷ**〟は漢字で〝**職業**〟と書きます．その韓国読みです。〝**むお**〟は「なに」。〝**むおしむにか？**〟で「なんですか？」となります。親しい人なら〝**むおえよ？**〟でいいでしょう。

「お父さんのお仕事はなんですか？」なら〝**あぼにむえ ちごぷん むおしむにか？**〟です。

　すぐに使える便利な表現

おっとん いるる はごけーしむにか？
＝どんなお仕事をなさっているんですか？

　〝**おっとん**〟は「どんな」，〝**いる**〟は「仕事」。

■ 「勤務先はどちらですか？」
〝**くんむちょぬん おでいむにか？**〟

〝**勤務**〟が〝**くんむ**〟という発音になります。

「どこに通っていますか？」という聞き方もできますね。〝**おでぃ たにごいっすむにか？**〟となります。

　すぐに使える便利な表現

ふえさえいるむぬん？＝会社の名は？

　〝**ふえさ**〟は〝**会社**〟の韓国読みです。日本語と同じように，ひっくり返すと〝**さふえ**〟＝〝**社会**〟となります。

■ 「私はC＆S社で働いています」
〝**ちょぬん C＆Sさえそ いるはごいっすむにだ．**〟

〝**会社員**〟はそのまま韓国発音で〝**ふえさうぉん**〟と言います。〝**ちょぬん ふえさうおんいむにだ．**〟＝「私は会社員です」となります。

PART2 出会った人と親しくなれる「短いフレーズ」

すぐに使える便利な表現

ちょぬん ちゅるばんさえそ いるはごいっすむにだ.
＝私は，出版社で働いています。

ちゅるばんさ＝〝**出版社**〞の韓国読み。

ちごぷん むおしむにか？

② 相手のスケジュールを聞く

誘う前に聞いておきたいこと

相手を食事などに誘いたくなったら，まずスケジュールを聞きましょう。

■「<u>日本には，いついらっしゃったんですか？</u>」
"**いるぼねぬん おんじえ おしょっすむにか？**"

"**いるぼん**"は「日本」です。"**おんじえ**"は「いつ」，"**おしょっすむにか？**"が「いらっしゃったんですか？」となります。親しい人になら"**わっすむにか？**"＝「来たんですか？」でいいでしょう。

同じようによく使うのが，"**いるぼねぬん おるまどん あん げしむにか？**"＝「日本にはどれくらい，いらっしゃるんですか？」ですね。"**おるまどんあん**"が「どれくらい」です。これも親しい人には"**いっすむにか？**"＝「いますか？」でいいでしょう。

すぐに使える便利な表現

いるぼぬん おっとすむにか？ ＝ 日本はどうですか？
くごせぬん おるまどんあん さるごいっすむにか？
　＝ そこにはどれくらい住んでいるんですか？
いるぼんえそ おでえ かしょすむにか？
　＝ 日本ではどこかに行きましたか？

■「<u>今度の週末の予定はありますか？</u>」
"**いぼん ちゅまれ いぇじょんいっすむにか？**"

"**いぼん**"は「今度の」，"**ちゅまる**"は漢字の"**週末**"の韓国読みです。同じように"**いぇじょん**"も"**予定**"です。

PART2 出会った人と親しくなれる「短いフレーズ」

■ 「いつが，お休みですか？」
　　"**おんじぇ ひゅい るいむにか？**"

　"**おんじぇ**"が「いつ」なので語順をこうしましたが，
「お休みはいつですか？」と同じです。学生には "**よるむぱ
んはくん おんじぇ？**"＝「夏休みはいつ？」と聞けます。

■ 「今日は約束ありますか？」
　　"**おぬるん やくそぎいっすむにか？**"

　"**おぬるん**"は「今日は」です。"**やくそぎ**"は漢字の
"**約束**"の韓国読み。ほとんどそのままですね。
「どんな約束」なら "**おっとんやくそっ**"，「何の約束」
なら "**むすんやくそっ**"となりますので入れかえて使い
分けるといいでしょう。

　また今日でなく「明日」なら "**ねいる**"，「あさって」
なら "**もれ**"となります。その先の言い方もありますが，
その場合は日付で言った方がいいでしょう。

■ 「忙しくてお会いできません」
　　"**ぱぱそ まんなるすがおぷすむにだ．**"

　"**ぱっぷだ**"が「忙しい」です。"**まんなるすがおぷた**"
が「会うことができない」になります。反対に "**まんな
るすがいった**"なら「会うことができる」ですね。

　疑問形で "**まんなるすいっそよ？**"＝「会えますか？」，
"**まんなるすおぷそよ？**"＝「会えませんか？」と使え
るでしょう。"**ぱっぷだ**"の反対は "**はんがはだ**"＝「ヒ
マだ」です。"**はるいりおぷそそはんがえよ．**"＝「仕事
がなくてヒマですよ」。

41

③ 食事に誘う

「おごるよ」はどう言えばいい？

　仲良しになったら食事に誘ったり，家に招いたりしましょう。そうすれば，次は相手があなたを誘うようになるでしょう。ますます親しくなります。

■ 「いっしょに，お昼でもどうですか？」
　〝はむけ ちょむしむいらど おっとすむにか？〟

　〝はむけ〟は「いっしょ」ですが〝かっち〟も「いっしょ」ですね。〝ちょむしむ〟は漢字で〝点心〟と書きます。このあたり中国の影響でしょうか。

　〝ちょむしむるもぐぷした．〟で「昼食を食べよう」。親しければ〝かっち ちょむしむるもくちゃ．〟＝「いっしょに昼めし食べよう」でOK。

　すぐに使える便利な表現
　はむけ あちむしくさ おっとすむにか？
　＝いっしょに朝ごはん，いかがですか？
　かっち ちょにょくしくさ おっとすむにか？
　＝いっしょに晩ごはんいかがですか？
　　〝しくさ〟は漢字の〝食事〟の韓国読み。
　　〝あっちむしくさ〟＝朝食，〝ちょにょくしくさ〟＝夕食。

■ 「日本食を案内しましょう」
　〝いるぼんしぐる あんねはげっすむにだ．〟

　〝いるぼんしく〟は〝日本食〟の韓国読み。普通〝いるしく〟＝〝日食〟と言います。韓国にある日本食の看板にもそう書いてあります。日食なんていうと日本人は太

42

PART2 出会った人と親しくなれる「短いフレーズ」

陽が欠けることかと思っちゃいますよね。

すぐに使える便利な表現

いるしくもぐるかよ? ＝日本食，食べます？

はんしぎちょわよ. ＝韓国食がいいね。

ちゃらどましるかよ? ＝お茶でも飲みますか？

　"ちゃ"は，そのまま日本の「茶」と同じ。

けんちゃぬみょん ちゃらど ましげっすむにか?

　＝よかったら，お茶でも飲みませんか？

　"もくた"は「食べる」，"ましだ"が「飲む」です

　が，"もくた"は「飲む」にも使えます。

■「何を食べよう？」
　"むぉるもぐるか?"

　ていねいに言えば"むぉするもくげっすむにか?"と
なります。日本人が韓国へ行くと"はんしく"を食べる
のに対し，韓国人は日本へ来たときもあまり"いるしく"
を食べないようです。

すぐに使える便利な表現

ちゅんはよりるるちょあはぬんで.

　＝中華料理がいいですね。

　"ちゅんはより"＝中華料理。

すしぬんちょあはむにか? ＝すしは好きですか？

ちょぬんせんそんぬんあんちょわよ. ＝私，魚は苦手
　　　　　　　　　　　　　　　　　　　　　　　なの。

■「この近くに韓国料理店ありますか？」
　"いくんちょえはんぐくよりちょみいっすむにか?"

　"はんぐくよりちょむ"＝"韓国料理店"の韓国読み。

すぐに使える便利な表現

ねがさるけよ. ＝私が買います。＝おごるよ。

43

会話を楽しくするひとこと

　韓国人は酒豪ぞろいです。ウィスキーも焼酎も，みなストレートで飲みます。全部つきあっているとえらい目にあいます。自分のペースを守るようにしましょう。

■「一杯，飲みに行きませんか？」
"**はんじゃん はろかじあんげっすむにか？**"

　"**はんじゃん**"が「一杯」，"**はろかじあんげっすむにか？**"が「やりに行きませんか？」となります。「行きますか？」だったら"**かげっすむにか？**"です。日本語も韓国語も，誘う言葉は否定形疑問の方が効きそうですね。

■「ああ，冷たいビールが飲みたい！」
"**あ しおなん めくちゅがもごしぽ！**"

　"**めくちゅ**"は「ビール」。漢字では"**麦酒**"と書き，その韓国読みです。では生ビールはどう言うのでしょうか？　"**生麦酒**"と書いて"**せんめくちゅ**"と読みます。

すぐに使える便利な表現

なぬん めくちゅろはげっすむにだ.
＝私はビールにします。

■「乾杯‼」
"**こんべ‼**"

　韓国の人気歌手ナフナのヒット曲にもこの"**こんべ**"＝「乾杯」というのがあります。ぼくのカラオケの十八番です。韓国人の乾杯とは，文字通り杯を乾かすこと，つま

PART2 出会った人と親しくなれる「短いフレーズ」

りイッキ飲みです。ビール，マッコリ（韓国式どぶろく），ウィスキー，全部そうです。ウィスキー，焼酎などはストレートだからたまりません。"**ちょんちょんに**" = 「ゆっくり」やりましょう。

■ 「何か食べるものをください」
"**もんが もんぬんごする ちゅせよ.**"

飲んでばかりでは "**もめなぱよ.**" = 「体に悪い」です。何か食べましょう。「つまみ」は韓国で "**あんじゅ**" といいます。"**あんじゅ ちゅせよ.**" = 「おつまみちょうだい」と言えば，何か出てくるでしょう。"**もがちょわよ？**" = 「何がいい？」と聞かれたら "**まっしいんぬんごっ.**" = 「おいしいもの」と言いましょう。

　すぐに使える便利な表現

わいん＝ワイン　　　　　**うぃすき**＝ウィスキー
ぶれんで＝ブランデー　　**そじゅ**＝焼酎
ちょんじょん＝日本酒("**正宗**"という漢字の韓国読み)
みずわりろへじゅせよ.＝水割りにしてください。
「水割り」は "**みずわり**" で通じます。"**みぢゅわり**"
と聞こえることが多いですけど……。

■ 「飲みすぎちゃった」
"**のむまにましょっそ.**"

"**のむ**" は「大変」，"**まに**" は「たくさん」，"**ましょっそ**" は「飲みました」。酒を断るときに使えます。

45

⑤ いっしょにショッピング

韓国人は「値切り」上手

買いものは日本人より韓国人の方が上手だと思います。日本人のように相手の言い値では絶対に買いません。

▎「ワンピースを買いに行くんだけど,つきあってくれない?」
　"オンピースるる さろかぬんで かっちかじあんげっそ?"

　"さろ かぬんで" が「買いに行くんだけど」です。
　"かっち かじあんげっそ?" が「いっしょに行かない?」つまり「つきあってくれない?」になります。

　すぐに使える便利な表現

やんぼぐん おでそ ぱらよ?
＝洋服はどこで売っていますか? (やんぼく＝洋服)
くにゃん ぼごいっするぶにえよ.
＝ただ,見ているだけです。
くご ちょむ ぽよちゅせよ.
＝それ,ちょっと見せてください。
たるんごする ぽよちゅせよ.
＝他のを見せてください。
まうめ あんどろよ. ＝気に入りません。
と くんごすん (ちゃぐんごすん) おぷすむにか?
＝もっと大きい (小さい) のはありませんか?

▎「いくら?」
　"おるまえよ?"

PART2 出会った人と親しくなれる「短いフレーズ」

"**おるま**"が「いくら？」です。「いくらですか？」なら"**おるまいむにか？**"となります。たくさん買ったときなら"**ちょんぶえ おるまいむにか？**"＝「全部でいくらですか？」ですね。

"**ちょんぶ**"は漢字の"**全部**"の韓国読みです。

■「<u>とても，高いね</u>」
"**のむ ぴさねよ.**"

「高い」は"**ぴさだ**"，「安い」は"**さだ**"と言います。つまり「安くない」の意味で"**ぴさだ**"＝「高い」なのです。注意したいのは，日本語では値段も山も同じ「高い」ですが，韓国語は別です。山の「高い」は"**のぷた**"と言います。"**63ビルディンうんのっぱよ.**"＝「63ビルは高いです」など。日本語の「ノッポ」はここから来たという説もあります。

すぐに使える便利な表現

くろっけ まぬんとぬん かっこいっちあなよ.
＝そんなにお金を，もっていません。

ちょむ と さんご おむなよ？
＝もう少し安いものはありませんか？

■「<u>少し負けてください</u>」
"**ちょむ さげへちゅせよ.**"

出ました！ この"**ちょむ**"がくせものです。韓国人はかなりの額まで"**ちょむ**"と言って負けさせるのです。

"**さげへちゅせよ**"は値段を「下げて」とおぼえるといいでしょう。

もうひとつの言い方に"**かっかじゅせよ**"＝「負けてください」というのがあります。何度もくり返し，相手が怒ってカッカしたときが限界とおぼえましょう。

6 感激を表す

韓国人は東洋のイタリア人?

　何度も言うように韓国人は感情の表現が日本人より豊かです。最初ちょっとまごつきますが、慣れてくると実に人間味のある人と思えるようになります。

▎「いいぞ！　好きだ！」
　"**ちょあよ！**"
　"**ちょあよ**"には「いい！」と「好き」の意味があり、いろいろ使えて便利です。例えば、気持ちがよければ"**きぶに くぇんじゃんひ ちょあよ.**"=「気分がとてもいいです」となります。"**きぶん**"は漢字の"**気分**"。
　"**たんしんぬる ちょあよ！**"と言えば「あなたが好き！」です。
　また「何でもいいです」などのときも"**あむごな ちょあよ.**"と言えるのは日本語と同じです。

　　すぐに使える便利な表現
　のむのむ きぽよ.=めちゃめちゃうれしい。
　ぺぷけてそ ばんがぷすむにだ.=会えてうれしいです。

▎「本当に楽しかったです」
　"**ちょんまる ちぇみいっそっすむにだ.**"
　"**ちぇみいった**"は「面白い」ですが「楽しい」の意味でも使えます。"**ちぇみおぷた**"は「面白くない」の意。
　おぬるん ちゃむ ちぇみいっけ ちねっすむにだ.
　=今日はとても楽しく過ごしました。

PART2 出会った人と親しくなれる「短いフレーズ」

ちぇみいんぬん しがん かむさはむにだ.
＝「楽しい時間をありがとうございました」

"**しがん**"は漢字"**時間**"の韓国読み。

また「楽しい」は他に"**ちゅるごぷた**"という言い方もあります。"**ちょんまる ちゅるごうぉっすむにだ**"＝「本当に楽しかったです」

すぐに使える便利な表現

ちゅるごぷすむにだ. ＝楽しいです。

ちぇみ いっそよ. ＝面白いです。楽しいです。

■ 「ああ！ びっくりした！」
"**あいぐ！ かむちゃぎゃ！**"

カムチャッカ半島へ行くと，韓国人はびっくりします。"**かむちゃっかだ**"＝「びっくりした」ですから，短く"**のらった**"＝「びっくりした」とも言いますが，なぜおどろいたんでしょうね？ 原因は"**よろかじ**"＝「いろいろ」あることでしょう。見てみましょう。

すぐに使える便利な表現

とぅむん ごしぐにょ. ＝珍しいものですね。

いごん ちょうみえよ. ＝これは初めてです。

みどるすが おぶた！ ＝信じられない！

やあ けんじゃんはだ！ ＝わあ，すごい！

ましった！ ＝おいしい！ **のらぷた！** ＝ビックリ！

いごん ちょあ！ ＝こういうの好き！

ちぇみいんね. ＝おもしろい。 **きぷた.** ＝うれしい

そるま！ ＝まさか！ **ちょんまりや？** ＝本当なの？

みどるすおぷた！ ＝信じられない！

ちゃるへった！ ＝やった！

まんせー！ ＝バンザイ！

49

7 ほめる

恥ずかしがらずに、ほめちぎろう！

韓国人と仲良くなるには、ほめることです。韓国人はみな、ものすごい自信家なのでほめすぎるということはありません。オーバーなくらいにほめてちょうどいいのです。

▎「日本語が<u>お上手ですね</u>」
　"**いるぼんまる ちゃる はしねよ.**"

実はこれは本当のことです。韓国人には、日本語の上手な人がたくさんいます。韓国語の上手な日本人の数とは比べものになりません。

それでもぼくがカタコトの韓国語を話すと"**うりまる ちゃる はしねよ.**"＝「韓国語お上手ですね」と言ってくれます。"**うりまる**"とは「われわれの言葉」という意味で韓国語のことです。この本を読んでいるあなたも、いつかきっとこう言われることでしょう。

　すぐに使える便利な表現

もりがちょあよ. ＝頭がいいですね。
より ちゃるはしねよ. ＝料理がお上手ですね。
のれ ちゃるはしねよ. ＝歌がお上手ですね。
く おっ ちょあよ. ＝その服、いいね。

▎「髪型変えたの、よく似合うよ」
　"**もりスタイルばっこんなよ ちゃるおうりよ.**"

女性には、とくにほめましょう。"**いぇっぽよ.**"＝「きれいだ」の連発でかまいません。きっと相手もあなた

PART2 出会った人と親しくなれる「短いフレーズ」

に興味を持ってくれることでしょう。

すぐに使える便利な表現

ちょんまる きうぉよ！ ＝とてもかわいいよ！

あじゅ ちゃる せんぎょっそよ.

＝とても器量のいい人ですね。

のむのむ いぇっぽよ. ＝すごくきれいだよ。

くぇんじゃんはん みいんいむにだ.

＝すごい美人だ。（**みいん** ＝**美人**）

せりょんてん ぷにしくんにょ.

＝あかぬけた方ですねえ。

これぐらい言っておけば大丈夫でしょう。

▍「あなたといると，イヤなことも忘れちゃう」
〃**たんしんぐわ いっすみょん あんちょうんごっと いじょぼりょじょ.**〃

これは効きそうですね。その他，いろんなところをほめてほめてほめちぎりましょう。

すぐに使える便利な表現

ちょんまる ちんちょるはしねよ.

＝本当に親切ですねえ。（**ちんちょる**＝**親切**）

ちょんい とぅとぅんさらみえよ.

＝情に厚い人ですね。（**ちょん**＝**情**）

　　　韓国ではこの〃**情**〃という言葉が強い意味を持ちます。〃**むじょんはんさらむ**〃＝「〃**無情**〃な人」と言えば，ひどい人のことです。反対に〃**たじょん**〃＝〃**多情**〃といえば，いい人のことになります。日本で多情といえば変な意味になってしまいますが……。

あじゅ そんしるはんさらみむにだ.

＝とても，誠実な人です。（**そんしる**＝**誠実**）

51

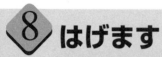

8 はげます

韓国を代表する言葉 "けんちゃなよ"

世界一陽気な韓国人ですから，落ちこむときもまた大変。気分を変えさせるよう明るく話しかけましょう。

■「がんばって！」
"**ひむねせよ！**"

"**ひむね！**"でもいいですね。「力を出せ」という意味で「がんばって！」となります。

日本では最近これは禁句になっているようですね。落ちこんでいる人に向って「がんばれ！」というとますます落ちこむから，言わない方がいいと。しかし韓国人は大丈夫です。きっと "**かむさはむにだ！ くろみょん！**"＝「ありがとう，それでは！」と立ち直ることでしょう。

■「大丈夫ですよ」
"**けんちゃんすむにだ．**"

出ました！ 韓国を代表する言葉 "**けんちゃなよ**"＝「大丈夫」です。この "**けんちゃな**" は実に奥が深く，ぼくもまだよくわからないところがあります。

拙著『おもろい韓国人』（光文社文庫）の中で，ウェイトレスが客に水をこぼしておきながら，"**みあなむにだ**"＝「すいません」じゃなく，"**けんちゃなよ**"＝「大丈夫」と言うのが理解できないと書いたら，韓国人から「それは先生がまだ韓国を知らないからだ」と言われました。それがわかるようになるには「韓国に20年ぐらい住

PART2 出会った人と親しくなれる「短いフレーズ」

ひむねせよ

むしかない」とも。うーん，これでは永久にわからないと同じではないですか。

すぐに使える便利な表現

ちゃるてるこえよ！ ＝きっとうまくいくよ！
きうぬる ねせよ！ ＝元気を出して！
ちんじょんはせよ． ＝おちついて。
きではご いっそ． ＝期待してる。（**きで**＝期待）
ぽぎはじま． ＝あきらめるな。
ちょあよくでろへ！ ＝いいぞ，その調子！
ちょうむぷと せちゅるばらはみょんてじゃな．
＝一からやり直せばいいじゃないか。
チャンスぬん おるまどうんじ いんぬんごにか．
＝チャンスは，いくらでもあるのだから。

53

⑨ 心配する

いつもと様子が違う相手に

　細かいことを気にしないのはよいのですが，それがもとでトラブることが，よくあります。友達なら心配になりますね。

「本当に心配です」
　"**ちょんまる こっちょんいむにだ.**"
"**こっちょん**"が「心配」です。ですから「心配しないで」は"**こっちょんはじませよ.**"となります。合わせておぼえましょう。

すぐに使える便利な表現
こっちょんはごいっすむにだ.
　＝心配しています。
うぇぐれ？ ＝どうしたの？
ひむね. ＝元気出して。
いやぎへよ. ＝話してくれ。

「大丈夫でしょうか？」
　"**けんちゃぬるかよ？**"
　やっぱり，また出ました"**けんちゃな**"ことば．こうなるともう韓国語というのは**けんちゃな語**といってもいいくらいですね。

すぐに使える便利な表現
けんちゃな？ ＝大丈夫？
けんちゃな！ ＝大丈夫！

PART2 出会った人と親しくなれる「短いフレーズ」

▌「自信が，ありません」
　　"**ちゃしに おぶすむにだ.**"

　これは自分自身を心配してるわけですね。

　"**ちゃしん**" は漢字 "**自信**" の韓国読みです。逆に自信があるなら "**ちゃしにいっすむにだ.**" =「自信があります」となります。

　すぐに使える便利な表現

くぁよん そんごんはるすいっするち？
=はたして，成功するだろうか？（**そんごん**=**成功**）

くぁよん ちゃるてるか？
=はたして，うまくいくだろうか？

▌「気分が悪いのですか？」
　　"**きぶに ちょっちあんすむにか？**"

　"**ちょっちあんた**" =「よくない」つまり「悪い」ということになります。これは "**もむ**" =「体」の心配をしているわけですね。相手の様子をよく見てたずねましょう。

　すぐに使える便利な表現

もみ ちょっちあなよ？ =体がよくないの？

ぺが あぱよ？ =お腹が痛いの？

おでが あぱよ？ =どこが痛いの？

たり けんちゃなよ？ =足，大丈夫？

しぎょぎ おぶそよ？ =食欲がないの？
　　　　　しぎょくは "**食欲**" の韓国語読み。

▌「どうなりましたか？」
　　"**おっとけ てんなょ？**"

　いろいろ心配してあげて最後に聞くのはやはりこれですね。

55

コーシンの"韓国小咄"②

"ソービスソービス！"

　韓国へ行ってほんの少しでも韓国語を話すと，必ず言われます。"**はんぐんまる　ちゃるはしねよ．**"＝「韓国語お上手ですねえ」と。たいした話をしたわけではないのにです。

　市場などの"**あじゅま**"＝「おばさん」の態度もコロッと変わります。"**もりがちょわよ．**"＝「頭がいい」とまで言ってくれる。つまりそれくらい韓国語を話す日本人がいないということなんですね。

　これは，隣同士の国としては世界でも珍しいんじゃないかと思います。日本語を話す韓国人はいっぱいいます。しかしその逆はない。だから珍しがられるんです。市場の"**あじゅま**"は"**ソービスソービス．**"＝「サービスサービス」と言って，おみやげのメンタイコを袋いっぱいにしてくれました。"**テクシ**"＝「タクシー」の"**きさあじょし**"＝「運転手さん」の態度もコロッと変わります。行き先を何度もていねいに聞き返してくれたりする。これらはみな，たとえカタコトであっても韓国語を話したからなのです。こんな国，世界のどこにもありません。

　韓国で韓国語を話すと，思いもよらないいろんなことが起こります。"**ぽじゃんまちゃ．**"＝「屋台」の"**あじょし**"＝「おじさん」が突然店を閉めて，自分の知っている秘密のカラオケクラブへ連れていってくれたこともありました。世界一陽気で世界一なつっこい韓国人と仲良くなるには"**あんにょんはしむにか．**"の一言できまりです。

56

PART 3

電話で
よく使うフレーズ

"**むそしぎ ひそしぎ.**"
「ない便りは無事」
日本の「便りのないのは元気な証拠」と同じ。

電話をかける，受ける

間違い電話が"よぼせよ"と来る時代

　目の前にいる人と話すのなら，身ぶり手ぶりを交えたり，文字や絵を書くなどしてわかってもらえますが，電話ではそうはいきません。

　最近では韓国から国際電話の間違い電話がかかってくるそうです。

　ぼくの友人のところにもよくかかってくるというので"**ちょなぼのが とるりょよ**"＝「電話番号が間違ってます」という言葉を教えました。友人はこれで大丈夫と待っていると，果たしてかかってきました。そこで自信を持って"**ちょなぼのが とるりょよ**"と言ったところみごとに通じたそうです。

　ところが通じたために，韓国語が喋れる人と思われ（そりゃ思われるわな），電話を切るどころかいろいろ話しかけられて，かえって大いに困ったそうです。そんなことのないようにしっかりおぼえておきましょう。

■「もしもし，キム・ヨンピルさんのお宅ですか？」
　"**よぼせよ キム・ヨンピルしえ てぎえよ．**"

　"**よぼせよ**"はおなじみの「もしもし」ですね。"**キム・ヨンピルしえてぎえよ？**"は「キム・ヨンピルさんのお宅ですか？」です。

　韓国人の名前はフルネームで呼びましょう。"**キムしてぎえよ？**"＝「キムさんのお宅ですか？」だと，違うキムさんにかかっても間違いとわからなくなってしまいます。なにしろ多いですからね。

PART3 電話でよく使うフレーズ

「タカハシと申しますが，ヨンシルさんはいらっしゃいますか？」

"タカハシらごはむにだまん ヨンシルしぬん げしむにか？"

"けーしむにか？"＝「いらっしゃいますか？」は，友人なら"いっすむにか？"＝「いますか？」でいいでしょう。

"ぬぐせよ？"＝「どなたですか？」と聞かれたら"いるぼね タカハシらごはむにだ."＝「日本のタカハシと申します」と，再度はっきり言いましょう。

すると相手は"ちゃむかん きだりょじゅせよ."＝「少々お待ちください」と言って当人を呼んでくれます。

そしてしばらくすると本人が"よぼせよ."＝「もしもし」と言って出てきます。

　電話で使いたいひとこと

みあなじまん キムヨンシル しぷたかむにだ.

＝すみませんが，キムヨンシルさんをお願いします。

ヤマダしえ ぱっこちゅせよ.

＝ヤマダさんに代ってください。

いるぼんまる はしぬんぷん あんげしむにか？

＝日本語のできる方は，いらっしゃいませんか？

ねそん，いるいーさむてじゅせよ.

＝内線１２３につないでください。（**ねそん＝内線**）

よんおぷぷるる，ぷたかむにだ.

＝営業部をお願いします。（**よんおぷぷ＝営業部**）

ぱんめくぁ　ぷたかむにだ.

＝販売課をお願いします。（**ぱんめくぁ＝販売課**）

59

❷ 待ち合わせの約束

"みょっし"と"おで"はしつこく聞こう

初めて日本へ来たアメリカ人と英語で待ち合わせの約束をしたとき，本当に彼がその場所に来るかどうか心配でしかたがありませんでした。韓国人も同じです。

■「何時に，どこで，会いましょうか？」
　"みょっしえ おでそ まんなるかよ？"
　この"みょっし"=「何時」と"おで"=「どこ」はしつこいくらいに言いましょう。電話ではお互いが聞き違えることがあるからです。時間と場所をしっかりメモするのも忘れないように。それでもなかなか韓国人とは会えません。それはなぜか？　彼らが遅れて来るからです！

■「7時に，駅の改札で会おう」
　"いるごぷしえ よくえ けーちゃるえそまんなじゃ."
　こう約束したら，遅れないようにしましょう。"よく"="駅"の"けーちゃる"="改札"で待たせたりしないように。

■「もし，会えなかったら，携帯に電話ください」
　"まにゃげ もっまんなんだみょん ひゅでポンえ ちょなちゅせよ."
　"ひゅで"="携帯"，"ひゅでポン"=携帯電話

■「携帯の番号，教えてください」
　"ひゅでポン ちょなぼの かるちょちゅせよ."

PART3 電話でよく使うフレーズ

と言って約束の場所へ行っても，まだ来ていない。
怒ったあなたは "ひゅでポン" に電話します。

■ 「約束，忘れていない？」
" やくそぎ いじょぼりじ あなそ ？"
そうすると彼が言います。

■ 「ごめん，30分，遅れそうだ」
" みあん さむしっぷんど ぬじるこかって."
しかたなく今の場所を聞きます。

■ 「今、どこにいるの？」
" ちぐむ おで いっそよ ？"
相手は，どこどこと言って，なぜ遅れるかを言います。

■ 「1時間くらいなら，遅れても，待ってるからね」
" はんしがんちょんどらみょん ぬじょど きだりるけ
よ."
すると彼はなるべく早く行く，などと言うでしょう。
あなたは，
" たし ちょな はげっすむにだ."
=「また，電話します」と言えばよろしい。

┃ 電話で使いたいひとこと ┃

ちゃんそるる おでろ ちょんはげっすむにか？
=場所はどこにしますか？　（**ちゃんそ**=場所）
ちょむ まんなぺぷこ しぷんでよ.
=ちょっと，会いたいのですが。
おんじぇしがに いっすむにか？
=いつ，時間がありますか？　（**しがん**=時間）

61

❸ 久しぶり／はじめまして

相手との親しさによって使い分けよう

　電話で話すのは，親しい人ばかりとは限りません。久しぶりの人，前に一度会っただけの人，また一度も面識のない人と話さなければならないときもあります。

　「高橋です。私のこと，おぼえていますか？」
　"タカハシいむにだ.ちょるる　きおかしごいっすむにか？"

　"きおかしごいっすむにか？"は「記憶されていますか？」で「おぼえていますか？」になります。「久しぶり」ならおなじみの"おれがんまんにゃ"が使えるし，「お元気ですか？」なら"あんにょんはしむにか？"となります。

電話で使いたいひとこと

よぼせよ　キム・ヨンシルしいむにか？
　＝もしもし，キム・ヨンシルさんですか？
いるぼねタカハシらごはむにだ.
　＝日本の高橋と申します。

　「お仕事は忙しいですか？」
　"いり　ぱっぷしむにか？"

　親しい人なら"いり　ぱっぱそよ？"＝「仕事忙しい？」ですね。反対にていねいに言うなら"さおび　ちゃる　てしむにか？"＝「事業はうまくいってますか？」となります。"さおぷ"は，漢字の"事業"の韓国読みです。

PART3 電話でよく使うフレーズ

電話で使いたいひとこと

きょろんへそいるど けそくはごいっそ.

＝結婚して，仕事も続けているよ。

（きょろん＝結婚，けそく＝継続）

しむにょんかん よろかじろ いっそっそ.

＝この10年，いろいろあったさ。

（しむにょんかん＝10年間）

初めての電話で使う言葉

よぼせよ あんにょんはしむにか？

＝もしもし，はじめまして。

ぱむぬけ ちぇそんはむにだ.

＝夜分に失礼いたします。

ちょうむ ちょなるるとりむにだ.

＝初めてお電話申しあげます。

ちぐむ ちょなけんちゃんぬせよ？

＝いま，お電話よろしいですか？

タカハシらごはむにだ かぷちゃぎちょなへそ.

＝高橋と申します。突然のお電話で。

ちえそんはむにだまん キムそんせんにむけ.

＝恐縮ですが，キム先生に。

こっ まるすむとりごしぷすむにだまん…….

＝ぜひお話をうかがいたいのですが……。

あぷろど，ちゃるぷったくとりげっすむにだ.

＝今後とも，どうぞよろしくお願い申しあげます。

④ 相手がいないとき

かけなおすか，伝言をたのむか

電話をしても，相手が常に居るとは限りません。そんな時，電話に出た人に何と言えばいいんでしょう？

■ 「今，出かけているんですが」
　"ちぐむ うぇちゅるへっすむにだまん."

　"ちぐむ" は「今」。漢字では "只今" と書き，その韓国読みです。同じように "うぇちゅる" は "外出" の韓国読み。つまり「ただいま外出しています」ですね。

　そんなときは帰りの時間を聞きましょう。

■ 「何時に，お帰りですか？」
　"みょっしえ とらおしむにか？"

> ### 電話で使いたいひとこと

みょしちゅみょん けしむにか？
＝何時ごろだと，いらっしゃいますか？

おふぇぬん けしむにか？
＝午後はいらっしゃいますか？　　（おふ＝午後）

とらおしるこむにか？
＝帰ってきますか？

　　　帰ってくるなら，かけ直しましょう。

■ 「後で，またかけます」
　"なじゅんえ たしこるげっすむにだ."

　"なじゅんえ" は「後で」です。時間を決めてもいいですね。"おふ せーしえ たしこるげっすむにだ." ＝「午

64

PART3　　電話でよく使うフレーズ

後3時にまたかけます」です。今日はもう帰ってこない
というのなら "ねいる たし こるげっすむにだ." ＝「明
日またかけます」でいいでしょう。

　また急ぎの用なら相手にかけてもらうようたのみまし
ょう。

■「私の方にお電話ください」
　"なはんて ちょな ちゅしぷしお."
　"ちょな ちゅしぷしお" は "ちゅせよ" でもOK。
　"なはんて" ＝「私に」は目上の人になら "ちょはん
て" がいいでしょう。

電話で使いたいひとこと

　ちょなたるらご ちょねちゅしげっすむにか？
　＝電話をくださるよう，お伝えいただけますか？
　ちょなぼのぬん いる・いー・さむ・さーえおゆく・ち
　る・ぱるむにだ.
　＝電話番号は1234の5678です。

■「高橋から電話があったと，伝えてください」
　"タカハシはんてそ ちょながわったご ちょねじゅ
　せよ."
　"ちょねじゅせよ" の "ちょん" は漢字の "伝" の韓国
読みです。

電話で使いたいひとこと

　ちょぬん ちべ いっすむにだ.
　＝私は家にいます。
　ぱっぷん いり あんすむにだ.
　＝急ぎの用ではありません。
　ぱむぬっけそ ちぇそんはむにだ.
　＝夜遅く，すいませんでした。

65

間違い電話，留守番電話

確かめる，あやまる，メッセージを残す

すでに言ったように，最近は国際電話の間違い電話も多くなりました。韓国からのものが一番多いようです。

「すみませんが，何番におかけでしょうか？」
"ちぇそんはむにだまん みょぽんえこしょすむにか？"

"みあなむにだまん"でもOKですね。ほとんどの間違いは番号ですから，こちらの番号を言ってもいいでしょう。"よぎぬん いる・いー・さむ・さーえ・おー・ゆく・ちる・ぱるいむにだ." =「こちらは1234の5678です」。相手が番号を言ってそれが違っていたときは"くぼのぬん よぎ があにむにだ." =「その番号は，こちらではありません。」と言いましょう。

しかし，ときには番号が合っていることもあります。
"いさんはねよ ちょなぼのぬんまじゃよ." =「変ですねえ，電話番号は合ってます」ですね。(**いさん**=異常)

電話で使いたいひとこと

しるれじまん ぬぐしむにか？
=失礼ですが，どなたですか？

ぬぐるる ちゃじゅしむにか？
=だれをお探しですか？ =誰におかけですか？

タカハシしがせーさらむいんぬんで いるむぬん？
=高橋は3人いますが，名前は？

ちょなぼのがとりねよ.
=電話番号が合っていません。

PART3 電話でよく使うフレーズ

こちらが間違えたときは，すぐあやまりましょう。

「電話，間違えました。すみませんでした」
"ちょな ちゃるもっころっすむにだ みあなむにだ."
電話で使いたいひとこと
ちょんちょんに ぷったかむにだ.
＝ゆっくりお願いします。
むぉらご はしょすむにか？
＝何とおっしゃいましたか？

留守番電話で使えるフレーズ
留守番電話というのはなかなかうまく吹き込めないものですね。間違えまいとせずに，落ちついてゆっくり話しましょう。
ねータカハシいむにだ.＝はい，高橋です。
ちぐむ うぇちゅるちゅんいむにだ.
＝ただいま，外出しています。
メッセージるる ぷたくとりむにだ.
＝メッセージをお願いします。
くろむ なぢゅんえ よんらくとりげっすむにだ.
＝では，後ほど，ご連絡いたします。(**よんらく＝連絡**)
いるぼねそおん タカハシむにだ.
＝日本から来た高橋です。
ちぐむ ○○ホテルえ いっすむにだ.
＝いま○○ホテルにいます。
さむ・こん・ゆくほしるえ よんらくちゅせよ.
＝３０６号室へ連絡ください。

67

コーシンの"韓国小咄"③

男言葉，女言葉

　韓国語には，日本語ほどハッキリした男女の言葉の違いはありません。"**おも**"＝「あら」とか"**おもなー**"＝「あらまー」などの感嘆の言葉くらいでしょう。

　しかし，男と女は違います。まして，韓国では男は男らしく，女は女らしくと育てられますから，日本以上に男女の差がある。それが言葉に出ます。つまり同じ"**くるせよ.**"＝「そうですね」でも，男は男らしく"**くるせよ！**"と言い，女は女らしく"**くるせよ.**"と言う。ニュアンスの違いですが，これが大きいように思います。

　ぼくはパコダ公園の近くのホテルにいつも泊るのですが，ホテルの近くに行きつけのゲイバーがあります。

　この店のママは日本人，チーママが韓国人です。ママは日本語の女言葉と韓国語の男言葉を話し，チーママは日本語の男言葉と韓国語の女言葉（ニュアンス）を話すのです。

　これに日・韓両方のお客さんが口を入れるのだからそのやかましいことといったらありません。韓国語と日本語と男語と女語がめちゃくちゃに飛び交います。これが実に楽しい。オカマ語とでもいうのでしょうか，2つの言葉が無理なく混ざりあうのです。ママは博多の人です。時々そっちの方言も入って，もう何語を喋っているのか本人もわからなくなると言っていました。面白い店ですのでソウルに行かれたら探してみて下さい。

PART 4

数と暦

"とうちょるけ かった."
「ふたつの寺の犬のよう」
どちらのものでもない。日本の「どっちつかず」と同じ。

数の数え方

漢数と固有数があるのは日本と同じです。ただ固有数は日本は10までですが，韓国は99まであります。

①いる＝いち／はな＝ひとつ　②いー＝に／とぅる＝ふたつ

③さむ＝さん／せっ＝みっつ　④さー＝よん／ねっ＝よっつ

⑤おー＝ご／たそっ＝いつつ　⑥ゆく＝ろく／よそっ＝むっつ

⑦ちる＝ひち／いるごぶ＝ななつ

⑧ぱる＝はち／よどる＝やっつ

⑨くー＝きゅう／あほぷ＝ここのつ

⑩しぷ＝じゅう／よる＝とお

⑪しぷいる／よるはな　⑫しび／よるとぅ

⑬しぷさむ／よるせっ　⑭しぷさ／よるれっ

⑮しぼ／よるたそっ　⑯しむゆく／よろそっ

⑰しぷちる／よりるごぶ　⑱しっぱる／よりょどる

⑲しぷく／よらほぷ　⑳いしぷ／すむる

㉑いしびる／すむるはな　㉒いーしび／すむるとぅる

㉓いーしぷさむ　㉔いしぷさー／すむるれっ

㉕いーしぼ／すむるたそっ

㉖いしむにゅく／すむるよそっ

㉗いしぷちる／すむりるごぶ

㉘いしぷぱる／すむりょどる

㉙いしぷく／すむるあほぷ　㉚さむしぷ／そるん

㉛さむしびる／そるんはな　㉟さむしぼ／そるんたそっ

㊵さしぷ／まふん　㊶さしびる／まふんはな

㊿おしぷ／すいん　⑥⓪ゆくしぷ／いぇすん

⑦⓪ちるしぷ／いるん　⑧⓪ぱるしぷ／よどぅん

⑨⓪くしぷ／あふん

【100】ぺく　【200】いーぺく　【300】さむぺく

PART4 数と暦

【500】おーぺく 　【1,000】ちょん
【2,000】いーちょん
【万】まん 　【10万】しむまん 　【100万】ぺんまん
【1,000万】ちょんまん
【1億】いろく 　【10億】しぼく 　【100億】ぺごく
【1,000億】ちょのく
【1兆】いるちょ

　読み方は日本と同じです。英語には「万」という単位がなく1万円を10千円というような言い方をしますが，韓国は日本と同じで最高紙幣も1万ウォン札です。以下5,000ウォン，1,000ウォン，500ウォン玉，100ウォン玉とあります。例えば"₩25,674"を読むと"**いーまん おーちょん ゆくぺく ちるしぷ さーウォン**"＝「にまん，ごせん，ろっぴゃく，ななじゅう，よんウォン」となります。カンタンですね。

順番

漢字で言ったり，固有語で言ったりややっこしいです。

- ┌ **ちょぽんちぇ** ┌ **とぅぽんちぇ** ┌ **せぽんちぇ** ┌ **ねぽんちぇ**
  └ 1番目　　　　└ 2番目　　　　└ 3番目　　　　└ 4番目

- ┌ **ちぇいる** ┌ **ちぇいー** ┌ **ちぇさむ** ┌ **ちえーさ**
  └ 第1　　　　└ 第2　　　　└ 第3　　　　└ 第4

- ┌ **ちょっちぇ** ┌ **とぅるちぇ** ┌ **せっちぇ**
  └ ひとつめ　　　└ ふたつめ　　　└ みっつめ

- ┌ **ちょてちぇ** ┌ **いふぇちぇ** ┌ **さめちぇ**
  └ 1回目　　　　└ 2回目　　　　└ 3回目

- ┌ **いろ** ┌ **いほ** ┌ **さも**
  └ 1号　　└ 2号　　└ 3号

- ┌ **いるどん** ┌ **いどん** ┌ **さむどん**
  └ 1等　　　　└ 2等　　　└ 3等

- ┌ **はんげ** ┌ **とうげ** ┌ **せげ** ┌ **ねげ** ┌ **たそっけ** ┌ **よそっけ**
  └ 1個　　　└ 2個　　　└ 3個　└ 4個　└ 5個　　　└ 6個

- ┌ **いるごぷけ** ┌ **よどるけ** ┌ **あぼぷけ** ┌ **よるけ**
  └ 7個　　　　　└ 8個　　　└ 9個　　　　└ 10個

- ┌ **はんまり** ┌ **とうまり** ┌ **せまり**
  └ 1匹　　　　└ 2匹　　　└ 3匹 ………………鳥・犬・猫

- ┌ **はんき** ┌ **とうき** ┌ **せき**
  └ 1食　　　└ 2食　　　└ 3食 …………………食事

- ┌ **はんさらむぶん** ┌ **とうさらむぶん** ┌ **せーさらむぶん**
  └ 1人前　　　　　　└ 2人前　　　　　└ 3人前 ………料理

- ┌ **はんびょん** ┌ **とうびょん** ┌ **せーびょん**
  └ 1本　　　　└ 2本　　　　└ 3本 …………ビールなど

- ┌ **はんさん** ┌ **とうさん** ┌ **せーさん**
  └ 1膳　　　└ 2膳　　　└ 3膳 …………………ごはん

PART4 数と暦

- はんぱむ / とうぱむ / せーぱむ
  1晩 / 2晩 / 3晩 …………………………**晩**

- はんぼんぢ / とうぼんじ / せーぼんぢ
  1袋 / 2袋 / 3袋 …………………………**袋**

- はんさらむ / とうさらむ / せーさらむ
  1人 / 2人 / 3人 …………………………**人**

- はんさんじゃ / とうさんじゃ / せーさんじゃ
  1箱 / 2箱 / 3箱 …………………………**箱**

- はんぼる / とうぼる / せーぼる
  1枚 / 2枚 / 3枚 …………………………**下着など**

- はんきょるれ / とうきょるれ / せーきょるれ
  1足 / 2足 / 3足 …………**はきもの**

- はんとんふぁ / とうとんふぁ / せーとんふぁ
  1通話 / 2通話 / 3通話 …………**電話の通話**

- はんちょぷし / とうちょぷし / せーちょぷし
  1皿 / 2皿 / 3皿 …………………………**皿**

- はんくぉん / とうくぉん / せーくぉん
  1冊 / 2冊 / 3冊 …………………………**本**

- はんじゃん / とうじゃん / せーじゃん
  1杯 / 2杯 / 3杯 …………………………**酒**

- はんとう / とうとう / せーとう
  1頭 / 2頭 / 3頭 …………………………**馬・牛**

- はんで / とうで / せーで
  1台 / 2台 / 3台 …………………………**自動車**

- はんじゃん / とうじゃん / せーじゃん
  1枚 / 2枚 / 3枚 …………………………**紙**

73

年齢

　年齢は固有数を使います。だから「**はな,とる,せー**」＝「ひとつ，ふたつ，みっつ」が「**あふんあほぷ**」＝「99」まであるのかもしれませんね。

はんさる 1歳	**とうさる** 2歳	**せさる** 3歳	**ねさる** 4歳	**たそっさる** 5歳
よそっさる 6歳	**いるごぷさる** 7歳	**よどるさる** 8歳	**あほぷさる** 9歳	
よるさる 10歳	**よるはんさる** 11歳	**よるとうさる** 12歳	**よるせさる** 13歳	
よるれっさる 14歳	**よるたそっさる** 15歳	**よるよそさる** 16歳		
よるりるごぷさる 17歳	**よりよどるさる** 18歳	**よるあぽぷさる** 19歳		
すむるさる 20歳	**すむるはんさる** 21歳	**すむるとうるさる** 22歳		
すむるせさる 23歳	**すむるれっさる** 24歳	**すむるたそさる** 25歳		
すむるよそっさる 26歳	**すむりるごぷさる** 27歳	**すむりよどるさる** 28歳		
すむるあほぷさる 29歳	**そるんさる** 30歳	**そるんはなさる** 31歳		
そるんたそっさる 35歳	**まふんさる** 40歳	**まふんはんさる** 41歳		
すいんさる 50歳	**いえすんさる** 60歳	**いるふんさる** 70歳		
よどぅんさる 80歳	**あふんさる** 90歳	**ぺくさる** 100歳		

PART4 数と暦

固有語が出てこないときは漢語数でもかまいませんが，そのときは，さるではなく〝**せ**〟で言いましょう。

いるせ	いーせ	さむせ	さーせ	おーせ
1歳	2歳	3歳	4歳	5歳

しぷせ	しびるせ	しぶいせ	しぷさむせ	いーしぷせ
10歳	11歳	12歳	13歳	20歳

さむしぷせ	さーしぷせ	おーしぷせ	ゆくしぷせ
30歳	40歳	50歳	60歳

ちるしぷせ	ぱるしぷせ	くしぷせ	ぺくせ
70歳	80歳	90歳	100歳

長さ・重さ・体積

長さ，重さ，体積などの単位はまったく日本と同じです。数字は〝**いる・いー・さむ・さー・おー・ゆく・ちる・ぱる・くー・しぷ**〟の漢数字を使います。

長さの単位
① **メート**
  メートル
② **ミルリメット**
  ミリメートル
③ **センチメット**
  センチメートル
④ **キルロメット**
  キロメートル

重さの単位
① **キルログラム**
  キログラム
② **クラム**
  グラム
③ **ミリグラム**
  ミリグラム
④ **トン**
  トン

広さの単位
① **ぴょんばんメット**
  平方メートル
② **ぴょんばんキロメト**
  平方キロメートル
③ **ぴょんばんセンチメット**
  平方センチメートル

*ぴょんばん＝平方

体積の単位
① **いぷぱんメット**
  立方メートル
② **いっぱんセンチメット**
  立方センチメートル
③ **リット**
  リットル

計算，分数，小数

　あたりまえですが，計算のしかたは全部日本と同じです。言葉が違うだけです。「2分の1（1/2）」は〝いーぶねいる〟と言います。また小数の〝点〟はそのまま韓国読みで〝ちょん〟といいます。〝99.9（くーしぷくーちょんくー）〟という歌もあるくらいです。

とはぎ（＝たし算）

いるえ　いーるるとはみょん　さみてむにだ.

＝1に，2をたせば，3になります。（1＋2＝3）

いーえ　さむる　とはみょん　おむにだ.

＝2に，3をたせば，5です。（2＋3＝5）

しぶおーえ　さむる　とはみょん　しっぱりむにだ.

＝15に，3をたすと，18です。（15＋3＝18）

さーえ　おーるる　とはみょん　みょちてむにか？

＝4に，5をたせば，いくつになりますか？

くえてむにだ.

＝9になります。

とるぎ（＝ひき算）

ぱるえそ　おーるるぺみょん　さみてむにだ.

＝8から，5をひくと，3になります。（8－5＝3）

ゆくえそ　さむるぺみょん　さむいむにだ.

＝6から，3をひくと，3です。（6－3＝3）

さむくぶえそ　しむゆぐるぺみょん　しぶさむにだ.

＝30から，16をひくと，14です。（30－16＝14）

こぱぎ（＝かけ算）

おーえ　ぱるるこぱみょん　さーしぷむにだ.

＝5に，8をかけると，40です。（5×8＝40）

ちるえ　いべーぬん　しぶさーいむにだ.

＝7の，2倍は，14です。（7×2＝14）

PART4 数と暦

おーえ さーべぬん おるまむにか？

＝5の4倍は，いくつですか？

いーしぷいむにだ．

＝20です。

さめ さーるるこぱみょん しぷいーむにだ．

＝3に，4をかけると，12です。(3×4＝12)

なぬぎ(＝わり算)

ぱるる さーろ なぬみょん いーむにだ．

＝8を，4で割ると，2です。(8÷4＝2)

しむゆくる さーろ なぬみょん さーむにだ．

＝16を，4で割ると，4です。(16÷4＝4)

ゆぐん しぷいーえ ぱにむにだ．

＝6は，12の，半分です。

しむゆくる さむろなぬみょん おーごいりなむすむにだ．

＝16を3で割ると，5で，1が残ります。(16÷3＝5…1)

分数・小数

いーぬん ぱれ さーぶねいりむにだ．

＝2は，8の，4分の1です。(2＝8×1/4)

ゆぐん くえ さむぶね いーいむにだ．

＝6は，9の，3分の2です。(6＝9×2/3)

小数は最初に言ったように〝点〟を〝ちょん〟と読んで漢数で発音すればOKです。

(例) **しぷ ちょん ぱる**＝10.8

時刻

　日本人がいちばん面くらうのが，時計の読み方なんですよね。短い針（時）と長い針（分）で数の読み方が違うのだからまいります。**たそっし（5時）おーぷん（5分）**となります。つまり時の方を固有数，分の方を漢数で読むのです。ちょっとまごつきますが，慣れればなんてことありません。

〜時

| はんし
1時 | とうし
2時 | せーし
3時 | ねーし
4時 | たそっし
5時 |

| よそっし
6時 | いるごぷし
7時 | よどるし
8時 | あほっぷし
9時 |

| よるし
10時 | よらんし
11時 | よるとうし
12時 |

〜分

| いるふん
1分 | いーふん
2分 | さむぷん
3分 | さーふん
4分 | おーふん
5分 |

| ゆくふん
6分 | ちるふん
7分 | ぱるぷん
8分 | くーふん
9分 | しっぷん
10分 |

| しぶおーふん
15分 | いーしっぷん
20分 | いーしぶおーぷん
25分 |

| さむしっぷん
30分 | さーしっぷん
40分 | おーしっぷん
50分 |

　固有数字の「時」と漢数字の「分」を組み合わせれば時間が言えるようになります。

| はんし いーしぶぱるぷん
1時28分 | とうしぱん
2時半（ぱん＝半） |

| せーしさむしっぷん
3時30分 | たそっしさーしっぷん
5時40分 |

PART4 数と暦

午前，午後はそのまま韓国読みになります。

┌ おじょんはんし
└ 午前 1 時

┌ おふたそっし
└ 午後 5 時

（おじょん＝午前，おふ＝午後）

┌ せーしおーぷんちょん
└ 3 時 5 分前

┌ よそっしさむぷんちょん
└ 6 時 3 分前

時間の長さも固有数字は時間を，漢数字は分を表します。

（ちょん＝前）

┌ はんしがん
└ 1 時間

┌ とうしがん
└ 2 時間

┌ いるごぷしがん
└ 7 時間

┌ おーぷんかん
└ 5 分間

┌ しっぷんかん
└ 10分間

┌ さむしぷぷんかん
└ 30分間

┌ はんしがんさーしっぷん
└ 1 時間40分

┌ とうしがんいーしっぷん
└ 2 時間20分

時間にまつわる会話

ちぐむ みょっしいむにか？ ＝今，何時ですか？

（みょっし＝何時）

よるし さむしっぷむにだ. ＝10時30分です。

おふとうし ぱにむにだ. ＝午後 2 時半です。

せーし おーぷん ちょにむにだ. ＝ 3 時 5 分前です。

とうし しぶおーぷにむにだ. ＝ 2 時15分です。

ふぇいが みょっしぷといむにか？ ＝会議は何時からで
　　　　　　　　　　　　　　　　すか？

よるちゃが みょっしえ となむにか？ ＝列車は何時に
　　　　　　　　　　　　　　　　　出ますか？

みょっしえ よむにか？ ＝何時に開きますか？

79

年月日,曜日

月日を言うには，漢字の韓国読みで〝年〟は〝にょん〟，
〝月〟はうぉる，〝日〟は〝いる〟と発音して漢数字で言
えばよろしい。

月／日

いろる	いーうぉる	さむうぉる	さーうぉる
1月	2月	3月	4月

おーうぉる	ゆーうぉる	ちろる	ぱろる	くおる
5月	6月	7月	8月	9月

しーうぉる	しびろる	しびーうぉる
10月	11月	12月

いりる	いーいる	さみる	さーいる	おーいる
1日	2日	3日	4日	5日

ゆぎる	ちりる	ぱりる	くいる	しびる	しびりる
6日	7日	8日	9日	10日	11日

しびーいる	しぼーいる	しむゆぎる	いーしびる
12日	15日	16日	20日

いーしびりる	いーしぼいる	さむしびる	さむしびりる
21日	25日	30日	31日

日本でも「ついたち，ふつか，みっか」と言うように，
韓国でも日付を表す固有語があります。使えなくとも，
聞いてわかるぐらいにはしておきましょう。

はる	いとる	さふる	なふる	たっせ
ついたち	ふつか	みっか	よっか	いつか

よっせ	いれ	よどうれ	あふれ	よるふる
むいか	なのか	ようか	ここのか	とおか

よるはる	よるいとる	よるさふる	よるなふる
11日	12日	13日	14日

PART4 数と暦

- ぼるむ 15日
- よるよっせ 16日
- よるいれ 17日
- よるよどうれ 18日

- よるあふれ 19日
- すむなる はつか
- すむはる 21日
- すむいとる 22日

- さむさふる 23日
- すむなふる 24日
- すむたっせ 25日
- すむよっせ 26日

- すむいれ 27日
- すむよどぅれ 28日
- すむあふれ 29日
- くむむ みそか

注)「31日」は，韓国の固有数字にはありません。

曜日など

　これもそのまま月曜から日曜までの漢字を韓国読みすれば通じます。また，「何曜日？」と聞く時の「何」は〝むすん〟という疑問詞を付けます。

いりょいる＝日曜日，**うぉりょいる**＝月曜日，
ふぁおいる＝火曜日，**すよいる**＝水曜日，
もぎょいる＝木曜日，**くみょいる**＝金曜日，
とよいる＝土曜日

おぬるんむすんよりむにか？
＝きょうは何曜日ですか？

おじえ＝きのう，**おぬる**＝きょう，**ねいる**＝あした
ちなんだる＝先月，**いだる**＝今月，**たうむたる**＝来月
ちゃんにょん＝昨年，**くむにょん**＝今年，
ねにょん＝来年
いるちゅいる＝1週間，**いーちゅいる**＝2週間，
さむちゅいる＝3週間
はんだる＝ひと月，**とぅだる**＝ふた月，**ぱんだる**＝半月
ちなんじゅ＝先週，**いぼんちゅ**＝今週，**たうむちゅ**＝来週

81

コーシンの"韓国小咄"④

数字のおぼえ方

　日本では電話番号には，よくゴロあわせが付いていますね。有名なのは「♫伊東へ行くならハトヤ」の「電話は４１２６（よいふろ）」でしょう。

　韓国でも似たようなことはあるようですが，よくは知りません。１００４という数字の発音は〝ちょんさ〟，これが〝天使〟と同じ意味になるというような店だったか劇場だったかの話を聞いたことがあります。

　若いころ，外国人（特にアメリカ人）に日本語の１から10までを英語で教えるというのをやっていました。

　まず「イッチー」と言って体をかきます。「かゆい」という意味ですね。「ニー」はひざをさすります。「サン」は太陽を見てまぶしそうにする。「シー」は海。「ゴー」は行く。「ロック」は岩，あるいはロックのバンド。「シチー」は街。「ハッチ」は魚などの卵がかえるのを手で表す。「クー」は鳩の声。そして最後がユダヤ人で「ジュー」というものでした，ちょっとキツい言い方なのか，最後の「ジュー」が一番ウケましたね。

　それを思い出して，今，韓国の１から10までを日本語で教えたらどうなるかを考えています。

　１は弓を引くまねをして「射る」。２は腹をおさえて「胃」。３はこごえて「寒」。４は差をつけて「差」。５は「王」。６は「行く」。７は「散る」。８は引っ「張る」。９は「苦」。そして最後は胸の部分にハンカチを当てて「湿布」です。

PART 5

男と女の「愛のひとこと」

" とぅんじゃん みち おどぷた. "
「灯の下は暗い」
日本の「灯台もと暗し」と同じ。

楽しいおしゃべり

恋の相手は最高の語学教師

ぼくもそうでしたが，言葉というものは男は女に，女は男に習うのが一番なんですね。なぜかというと，楽しいからです。伝えたいこともいっぱいあるしね。

▎「何，読んでいるの？」
　"**むぉる いるこいっそ？**"

"**むぉするいるこいっすむにか？**" =「何を読んでいるのですか？」ですね。会話のきっかけです。

"**とくそはむにか？**" =「読書ですか？」という言い方もあります。"**とくそ**"は"**読書**"の韓国読みです。

韓国人は大変な読書家ですので，この話かけ方は効くと思います。

▎「どんな音楽が好き？」
　"**おっとん うまぎ ちょわ？**"

"**うまく**"は"**音楽**"という漢字の韓国読みです。「音楽（うまく）はうまくない」とおぼえましょう。韓国人はまた大変な音楽好きでもあります。日本の音楽事情など，ぼくより詳しいくらいです。

心をつかむひとこと

いるぼん ちゃっか あらよ？
 =日本の作家，知ってる？（**ちゃっか**=作家）
めがちょわよ？ =誰が好き？
トロットぬんしろよ？
 =「演歌は嫌い？」（「演歌」は"**トロット**"という）

PART5 男と女の「愛のひとこと」

ロックがちょわよ. ＝ロックが好きです。

タレントろ まるはみょん ぬがちぇいるちょわ？
＝タレントでいうと，誰が好き？

ちょよんふぁぽるそ ぽあんに？
＝あの映画もう見た？（**よんふぁ**＝映画）

■「よく，この店へ来ますか？」
　"**ちゃじゅ いかげえ わよ？**"

お店で知り合ったわけですね。話はますます弾みます。

■「今，仕事忙しい？」
　"**ちぐむ いるまに ぱっぽ？**"

"**まに ぱっぽ？**"は「たくさん忙しい？」の意味です
ね。"**おっとんいるはごいっそ？**"＝「どんな仕事して
るの？」とだんだん立ち入ります。

　　心をつかむひとこと

ゆはくせんいえよ？
＝留学生ですか？（**ゆはくせん**＝留学生）

あに ふぇさうぉんむにだ.
＝いいえ，会社員です。（**ふぇさうぉん**＝会社員）

ちぐむ ほんじゃさるごげしむにか？
＝一人暮らししているんですか？

あっちむ みょしえちぶるなおに？
＝朝，何時に家を出ますか？

のろかごしっぷねよ. ＝遊びにいきたいなァ。

　　　　ここまでくれば，最後はこれですね。

■「次は，いつ会えます？」
　"**たうむ おんじぇ まんなるすがいっそ？**"

85

② デートに誘う

韓国人との恋は, "引き" より "押し"!

　デートと言わずに誘うのと, はっきりデートとことわって誘うのと, 2通りがあります。相手にあまり脈がなさそうなときは, デートと言わない方が用心されなくていいかもしれませんね。あなたはどちら?

■ 「金曜日の夜, 時間ありますか?」
　"くむみょいる ちょにょく しがに いっすむにか?"
"くむみょいる" は "金曜日" の韓国読みです。"しがん" は "時間" ですね。最初はさりげなくいきましょう。

　心をつかむひとこと

かっち よんふぁぼろ かじあんげっすむにか?
　=いっしょに映画を見に行きませんか?
チケットゥとうじゃんいんぬんで おっとせよ?
　=チケットが2枚あるんだけど, いかがですか?
ちょにょくしくさ かっちもぐるかよ?
　=夕飯, いっしょに食べますか?　（**しくさ=食事**）
ちぇがさるけよ. =私のおごりです。
あじゅ まっしいんぬんかげ あるごいっそよ.
　=すごく, おいしい店を知っています。
いるぼねプロやぐるるぼろ かじあんげっすむにか?
　=日本のプロ野球を見に行きませんか?　（**やぐ=野球**）
おぬチームえ ぺにむにか?
　=どのチームのファンですか?　（**ペン=ファン**）
　　　　なんでもいいんです。とにかく誘い出せば, なんとかなります。韓国人との恋は押しの一手です。

PART5 男と女の「愛のひとこと」

一度や二度断わられても，何度もトライしましょ
う。相手にも気がありそうなときは，堂々とデー
トと言って申し込みましょう。

■「デートしていただけませんか？」
　"デートはじ あんげっすむにか？"

　"デートはだ" で「デートする」になります。**"～はだ"**
は「～する」になり，日本語と同じですね。**"たんし
んぐぁデートはごしぽよ."** なら「あなたとデートしたい」
です。

　女性なら，甘えて **"ちょるるデートさんでろへぢゅせ
よ."** ＝「私をデートの相手にしてちょうだい」と言って
もいいでしょう。また少しひねった言い方もできますね。
"おぬる デートがいっそよ." ＝「今日デートがあるん
だ」，**"ぬぐはご？"** ＝「誰と？」，**"たんしんはご."** ＝
「あなたと」という具合に。

■「あなたといると，時間を忘れます」
　**"たんしんぐぁあいっすみょん しがぬる いじょぼ
りょよ."**

　あとは甘い言葉のアメアラレです。

　心をつかむひとこと

たんしんぬん もしっそ！ ＝あなたってステキ！

まんなそ ちょわっそよ. ＝会えてよかった。

たんしんぬん なえ いさんいえよ.
　＝あなたは私の理想の人よ。

はむけ いっこ しぷすむにだ.
　＝いっしょに，いたいんです。

87

③ 自分のことを話す

相手の心をグッと引き寄せるひとこと

これは日本語でも難しいですね。自分をよく見せよう
としてついたウソがばれて，ヤブヘビになったり。やは
り正直がいいですね。

■ 「私は19○○年生れです」
　　"**ちょぬんちょんくぺく○○にょんせんいむにだ.**"

　"**ちぐむ○○さるいむにだ.**" ＝「今○○歳です」でもい
いですが，言いにくかったらエトを言うのもいいですね。

　12支は日本と同じです（ただしイノシシは"**てじ**"＝
「ブタ」になりますが）。"**ちょぬん うぉんすぎていむに
だ.**"＝「私はサル歳です」，"**くろみょん○○さりえよ？**"
「すると，○○歳ですか？」と会話もはずみます。

心をつかむひとこと

こひゃんぬんアイチいむにだ.
　＝故郷は愛知です。（こひゃん＝故郷）
アイチえそておなそ アイチえそちゃらっすむにだ.
　＝愛知に生まれて，愛知で育ちました。

■ 「お父様（父）は会社員（サラリーマン）です」
　　"**あぼにむん ふぇさうぉんにむにだ.**"

　ここが日本と違うところです。韓国では，自分の父親
を敬語で呼ぶのです。"**あぼにむ**"＝「お父様」，"**おもに
む**"＝「お母様」，"**ひょんにむ**"＝「お兄様」，"**ぬにむ**"
＝「お姉様」といった具合です。

88

PART5 男と女の「愛のひとこと」

心をつかむひとこと

あぼにむん うぃではん ちょんじかいむにだ.

＝父は，偉大な政治家です。（うぃで＝**偉大**）

おもにむん ゆみょはん よういむにだ.

＝母は，有名な女優です。（ゆみょん＝**有名**，よう＝**女優**）

ひょんにむん プロやぐそんすむにだ.

＝兄は，プロ野球選手です。（やぐ＝**野球**，そんす＝**選手**）

ぬにむん かすいむにだ.

＝姉は，歌手です。（かす＝**歌手**）

くりご ちょぬん こじまるじぇんいいむにだ.

＝そして，私は大ウソツキです。

▌「3人兄弟の真ん中なんだ」

〝**さむひょんじぇちゅんえ かうんでいえよ.**〟

ひょんじぇ＝兄弟。

心をつかむひとこと

なんうえどんにゃ. ＝私，ひとりっ子なの。

ちゅんはっきょえそぬんテニスぶよっそ.

＝中学ではテニス部だった。（**ちゅんはっきょ＝中学校**）

のむ ひむどろっそ くまんどぼりょそ.

＝きびしすぎて，やめちゃったけど。

ちぐむど かっくむ（テニスるる）へ.

＝今もときどき（テニスを）するよ。

すよんしがんにちぇいる しろっそ.

＝プールの時間が嫌いだった。（**すよん＝水泳**）

そっぷんてぬんちゃもるみろこせんへった.

＝遠足では車酔いして苦労した。（**こせん＝苦生＝苦労**）

やぐチーいえそライトろ9ぼん ちょぐむするぽっそ.

＝野球チームではライトで9番。ちょっと悲しかった。

89

恋のかけひき

相手がフリーかどうかを確かめるには?

これはもうゲームですね。楽しみながらやりましょう。

■「結婚してるんですか?」
 "きょろんはしょすむにか?"

まずこれですよね。いくらいいと思っても,結婚しているんじゃしょうがない。"きょろん"は"結婚"の韓国読みです。"あに あじく とくしにむにだ"=「いえ,まだ独身です」と言われらしめたもの。"とくしん"は漢字"独身"の韓国読みです。また"いほんへっすむにだ"=「離婚しています」(いほん=離婚)。と言われるかもしれません。そうしたらこの質問ですね。

■「恋人,いますか?」
 "えいん いっすむにか?"

"えいん"は漢字では"愛人"と書きます。しかし意味は日本の「恋人」にあたります。ちなみに中国では「愛人」は「妻」です。

 心をつかむひとこと

たんしぬん いんきまんちょ?
=あなたモテるでしょ?(いんき=人気)
　　"人気"が多いから「モテる」となるわけですね。
ちょぬん ちるとへよ.
=私,やけちゃう!(ちると=嫉妬)
よろかじ とっこいっそよ.
=いろいろ聞いてますよ。

PART5 男と女の「愛のひとこと」

相手がのってきたら自分を売りこみましょう。

■ 「私たち，恋人同士に見えるかな？」
〞**うりどる えいんちょろむ ぽいむにか？**〞

〞**うり**〞だけで「私たち」なんですが，それに〞**とる**〞
＝「たち」が付いています。直訳すれば「私たちたち」に
なってしまいますが，韓国語にはよくある言い方です。
例えば〞**よくちょんあっぷ**〞。〞**よくちょん**〞＝〞**駅前**〞
なのに，さらに〞**あっぷ**〞＝「前」が付いている。直訳
すれば「駅前まえ」ですが，これで「駅前」なのです。
おもしろいですね。

さあ，あとは押しの一手です。

> ### 心をつかむひとこと

な たんしんかとんさらむしるちあな.
＝私，あなたみたいな人，嫌いじゃないわ。

ねがまるはぬんごするいへはじょ？
＝私が言ってることわかる？（**いへ＝理解**）

むすん ういみいむにか？
＝どういう意味ですか？（**ういみ＝意味**）

よじゅむ いぇぽじょたご まるどるへよ.
＝最近，きれいになったねって言われるの。

うりぬんちょうん ちんぐじよ？
＝私達って，いい友達かしら？

たんしにちょわよ.
＝あなたが好きよ。

たんしねげ おうりぬんさらみ よぎえいっすむにだ.
＝あなたにお似合いの人が，ここにいます。

たんしんぬる さらんへ.
＝あなたを愛してる。

91

⑤ 上手なウソのつきかた

ジラしたあとにはフォローを忘れずに

相手がソノ気になってきたら，あなたは押すのをやめましょう。つまり「じらし戦法」に出るのです。これで相手はますますあなたに熱くなる！……かなァ？

■「あなたに会いたいけど，時間がないの」
 "たんしぐぁ まんなごしぷちまん しがにおぷそよ."

"まんなごしぷちまん"＝「会いたいけれど」を付けるところがミソですね。その気はあるのに"しがん（＝時間）"がないという「いちばんいい」＝"ちぇいるちょうん"口実です。

心をつかむひとこと

しぐれそ とんせんい わっそよ.
＝田舎から，弟が来たの。（とんせん＝同生＝弟）
ちんぐえげ あんちょうんにいりいっそっそ.
＝友達に不幸があって……。

■「携帯が，圏外だったみたいだね」
 "ひゅでポンに ちょんぱがとろおじあんぬごっかった."

"ひゅで"は"携帯"の韓国読み。ポンは英語で，"ひゅでポン"は「携帯電話」となります。ちゃんぽん語ですね。ちなみに「ちゃんぽん」は韓国でも"ちゃんぽん"といいます。混ざることです。（ちょんぱ＝電波）

PART5 男と女の「愛のひとこと」

心をつかむひとこと

よへんはごいっそそよ.
=旅行していました。(**よへん**=**旅行**)

かむぎとろっそよ.
=風邪をひきました。(**かむぎ**=**感気**=**風邪**)

かむぎ とろった……

■ 「今日は家に帰らなければなりません」
"**おぬるん ちべ とらかじあぬみょんあんでむにだ.**"

親, 兄弟, 仕事, 旅行, 病気など, ウソをつこうと思ったら何でも使うことができますよね。しかし, あまり人の心をもて遊ぶと, 後でひどいしっぺ返しがくるかもしれませんから気をつけて。じらしはあくまで恋のスパイスていどに使いましょう。フォローを忘れずに。

心をつかむひとこと

ねいるらみょん まんなるすいっそよ.
=明日なら会えます。

けんちゃなよ こっまんるすいっすむにだ.
=大丈夫, すぐ会えるようになります。

たうむ まっしいんぬんごするさるけよ.
=今度, おいしいものをおごるよ。

たうむちゅ かっち よんふぁぶろかぷした.
=来週, いっしょに映画を見に行こう。

おんじぇな たんしんぬる せんがくはごいっすむにだ.
=いつでも, あなたのことを思っています。

6 かわいさ余って憎さ百倍

ケンカになるまえに，このひとこと

　ジェラシーは韓国語で〝ちるど〟＝〝嫉妬〟といいます。そういうタイトルのヒット曲もあるくらいおなじみの感情ですが，これが元でパーになることもあります。やきすぎに気をつけましょう。

■　「遅れるなら，電話してよ‼」
　〝ぬじるこかっとぅみょん，ちょならどへよ‼〟

　わかります。韓国人と待ち合わせをして何度この言葉を言いたくなったことでしょうか。「コリアタイム」とか「ソウルしがん」と言われるくらい韓国人は時間にルーズです。

　それでいて〝ぬじょそみあねよ．〟＝「遅れてゴメン」も言わない。

　怒ると相手も怒ります。「会えたのになんだ！」というわけです。会えなかったら怒れと。おおらかというか大陸的というか。しかしやっぱりこれはよくない習慣なので，あなたは守るようにして下さい。すると相手もだんだん守るようになってきます。〝やくそくしがぬる ちっきょよ．〟＝「約束時間を守ってね」と言いましょう。

■　「私が，なぜ怒っているか，わかってんの？」
　〝ねが うぇふぁるねぬんじ あるこいっそよ？〟

　はいこれが〝ちるど〟＝「やきもち」ですね。相手を好きだからこそついつい出てしまうセリフです。

PART5 男と女の「愛のひとこと」

心をつかむひとこと

むぉる ぽごいっそよ?

=何，見てるのよ？

ねあっぺそ たるん よじゃるるぽじま.

=私の前では，他の女性を見ないで。

ちょぬん みいんあにえよ.

=私は美人じゃありません。（みいん＝美人）

なまぬる さらんへよ.

=私だけを，愛して。

「ごめん，あたしが悪かった」

〝**みあねよ ちぇが ちゃるもってっすむにだ.**〞

やきもちのコツは，こげる前にやめることです。

そしてそのフォローも忘れないようにしましょう。

〝**ちると**〞（＝嫉妬）も，うまく使えば恋のスパイスに

なります。

心をつかむひとこと

ちるとへそ ちぇそんはむにだ.

=やきもちやいて，ごめんなさい。

たんしぬるさらんはぎてむね…….

=あなたを愛しているために……。

なえげぬん たんしんぱっけおぷそ.

=私には，あなたしかいない。

かすみ あぷむにだ.

=胸が痛いです。

ねがしろよ?

=私が嫌いなの？

なるる とうご かじまるまお！

=私を置いて行かないで！

　　　　　こりゃ，逃げられるかも……。

95

キズつけない断り方

どんなにしつこい相手も，これでOK

恋愛の相手としてはちょっと……という相手からloveを言われたときの対応です。本当はハッキリ断るのがいいんだけれど，日本人はこれが苦手なんですよね。

■「その日はちょっと用事があって，またこんど」
"くなるん いりちょむいっするこかって たうめ."

よく使われる手ですが，実は自分を苦しくしているんですよね。2度目，3度目が断りにくくなるからです。

心をつかむひとこと

もっちょろむいっちまん くよくぐっぽるそぽあっそ.
＝せっかくだけどその芝居，もう見ちゃったんです。

みあん もみちょむ あんちょわっそ.
＝ごめんなさい，体調がよくなくって。

たうむ きへえ.
＝この次にね。

韓国人はイタリア人によく似ていると言われます。どちらも半島に住んで情熱的で，なんてね。事実，恋のアタックは2度や3度ではあきらめてくれません。

■「私に，かまわないでください」
"ちょえげ さんぐわんはじませよ."

"さんがぬん おぷそよ"＝「どうぞ，おかまいなく」でもいいですね。しかし，相手はかまいたくて言い寄ってきているんですから，このていどでは引き下がりません。

"ちょぬん ちべ とらかじあぬみょん あんでむにだ."

PART5 男と女の「愛のひとこと」

＝「私，家に帰らなきゃならないんです」と言えば「送るよ」＝〝ぺうんはるけよ.〟などと言われかねません。

心をつかむひとこと

ちんぐが ちょるるきだりごいっそよ.

＝友達が私を待っています。

ちんぐが てりろおごいっそよ.

＝友達が，迎えに来ます。

ぽるそ のむぬじょっそ.

＝もう遅いですし。

■「私には，恋人がいます」
〝**ちょえげぬん えいに いっすむにだ.**〟

〝えいん〟は〝愛人〟＝「恋人」ですね。ついに言いました。それでも〝**けんちゃなよ**〟＝「かまいません」と言ってくるかもしれません。〝**ぬぐせよ?**〟＝「誰ですか?」と聞いてくるかもしれない。〝**たんしに もるぬんさらむ.**〟＝「あなたが知らない人」とか〝**くわんけおぷそよ.**〟＝「関係ないでしょ」とか，きっぱり言いましょう。（**くわんげ＝関係**）

心をつかむひとこと

くろんせんがぐろ まるはんごすんあにえよ.

＝そんなつもりで言ったのではありません。

たんしね おへいむにだ.

＝あなたの誤解です。（**おへ＝誤解**）

もんがおへはごいんぬんごすんあにえよ?

＝なにか誤解してるんじゃない?

ちんぐと はむけ かどてるかよ?

＝友達もいっしょに行っていい?

ちんぐぬんプロレスラーいむにだ.

＝友達が，プロレスラーなの。

97

⑧ 好きで好きでたまらない

なりふりかまわず"愛の告白"

ほとんど韓国歌謡曲の詞で間に合うくらいです。

■ 「あなたを，本当に，愛してる」
　"たんしんぬる ちょんまるろ さらんへよ."

韓国の歌には恋の詞が（失恋もふくめて）たいへん多く勉強になります。

心をつかむひとこと

なぬん ちょんまるる たんしんまぬる さらんへ.
＝私，本当に，あなただけを愛してる。
おっちょんじ たんしに ちょわ.
＝なぜか，あなたが好き。
ちょうむ ぬっきぬん しんじょんいむにだ.
＝初めて，感じる気持ちなの。（**しんじょん**＝**心情**）
まうめとおろおっすむにだ. ＝気に入りました。

■ 「世界中で，あなたが一番です」
　"せさんえそ たんしに ちぇいるいむにだ."

こういう歯の浮くようなことを平気で言えるようにならなければ，とても相手をゲットできません。

目を見つめて熱に浮かされたように話しかけましょう。
"はみょん てんだ！"＝「なせばなる！」です。

心をつかむひとこと

ちょうめぬんしろっすむんで…….
＝最初は嫌いだったのに……。

PART5 男と女の「愛のひとこと」

ちょんねぱねっそ.
=一目で好きになったの。

ぱーんはだ.
=一目惚れ。

おるぐりぽごしぽよ.
=顔が見たいわ（＝会いたいわ）。

ぷったげよ ちぐむ ぱろまんなごしぽよ.
=お願い，今すぐ会いたいの。

なはんてぬん いじぇ たんしんぱっけ おぷすむにだ.
=私にはもう，あなたしかいない。

まんなるすおぷとんなり のむひむどろっそ.
=会えない日がとても苦しいわ。

▌「いつでも，あなたのことを想っています」
"**おんじぇな たんしんぬるせんがっかごいっすむにだ.**"
　こうなればもう病気ですね。"**みちげっそ！**"ということばがありますが，「気が変になるほど好き！」という意味です。"**ペン**"（＝「ファン」）がアイドル歌手などに使うかけ声です。カラオケで歌っている人にいうとウケますよ。

◤ 心をつかむひとこと ◥

たんしんぬる のむのむちょあへよ.
=あなたのことメチャメチャ好きよ。

たんしんぬる さらんはごいっすむにだ.
=あなたを愛しています。

たんしねげ むぢゅんいむにだ.
=あなたに夢中です。（**むぢゅん**＝夢中）

たんしに おぷそみょん もっさるむにだ.
=あなたなしでは，生きていけない。

99

愛のトラブル

怒る，あやまる，許すetc.

愛しあえばこそ，ささいなことでもめます。韓国人はこんなときも自分に正直なので，言葉はけっこうキツイです。

「この浮気者！」
"い ぱらむどんい！"

"ぱらむ"は「風」のことです。"ぱらむぴうだ"で「浮気する」となります。日本でも「浮気風をふかす」なんて言いますね。"たんしぬん ぱらむぴごいっそよ？"＝「あなた浮気しましたね」となります。

逆に"なぬん ぱらむぴうじあなよ."＝「私，浮気しないわ」とも言えます。"くにょわ ぱらむぴんごっすん, あるごいっそよ！"＝「彼女と浮気したことはわかってるのよ！」なんてね。

韓国語では「風」がいろんな言い方に使われます。呉善花さんのベストセラー「スカートの風」も"ちまぱらむ"＝「男まさり」の意味です。

そんなわけで韓国では台風でもないのに，しょっちゅう風が吹いているわけですが，一番は，やはりこの「浮気風」でしょう。

心をつかむひとこと

よぢゅむ ぴょねっそ.
＝最近変わっちゃったね。

うぇ はんさん ちべおぶそ.
＝なんで，いつも留守なの？

PART5 男と女の「愛のひとこと」

たるん ちょあはぬんさらみいっそ？
＝ほかに好きな人いるの？

すんぎじませよ！
＝かくさないで！

なえ ぬぬるぽあ！
＝私の目を見て！

なん ばぼがあにえよ！
＝私，バカじゃないのよ！

もんがまるへよ！
＝なにか言ってよ！

い こじまるぢぇんい！
＝この大ウソつき！

　　　　タッハッハ‼　思い出しても汗が出てきますね。
　ほとんど言われたことですからね。韓国人との恋
　愛では，この〝まるさうむ〟＝「口ゲンカ」に負け
　ないようにしましょう。

　　　　しかし韓国人はカラッとしています。あやまれ
　ば，すぐ許してくれます。そのへんをうまくやって
　ね。

「ごめん！ 私が間違っていました」
〝みあん！ ねがとるりょそった.〟

〝みあん〟＝〝未安〟＝「ごめん」はいい言葉です。あ
やまるときはこれをくり返せばたいていのことはおさま
ってしまいます。

　　　心をつかむひとこと

よんそへぢゅせよ.＝許してください。

まるはごしぷんまり いっすみょん まるへ.
＝言いたいことがあったら，言って！

いじぇわそ もーらご.＝いまさらなによ！

101

恋の終わり

どうしても別れたくないときに

あれほど激しく燃えたのに……。恋とははかないものです。別れは突然やってくる。そして2人は詩人になります。

■「私を置いて行かないで！」
"なるとぅごかじるまお！"

韓国一の大歌手ナフナの名曲 "**かじまお**" ＝「行かないで」の一節です。"**ねまうむ おんじぇな たんしんぐわ かっちえよ.**"＝「あたしの心はいつもあなたといっしょよ」もう未練たらたらですね。"**たんしんねごっ いじゅるすおぷすむにだ.**"＝「あなたのこと忘れません」いったい"**たんしんぐわなーさいえ**"＝「あなたと私の間に」,"**むぉが**"＝「何が」,"**いっそっそよ？**"＝「あったのでしょう？」

心をつかむひとこと

たんしにおぷそっすみょん なぬんおっとからご?
＝あなたがいなかったら，私どうすればいいの？
いじぇ かじ ちゅるごおっそよ.
＝今までは楽しかった。
うるごしぷすむにだ. ＝泣きたいです。
いじぇ たんしんぐわ かっち いっするすおぷそ.
＝もう，あなたとは一緒にいられない。
ちょんまる ちょわへっそっすむにだ.
＝本当に好きでした。

PART5 男と女の「愛のひとこと」

たんしんぐわ きょろんはごしぽっそよ.
＝あなたと結婚したかった。

みどるすがおぷそよ.
＝信じることができない。

むすんまるはみょん ちょうるか？
＝何を話したらよいのでしょう？

たんしぬる いっちもってよ.
＝あなたのこと，忘れません。

いっちもったる ちゅおぐる かむさはむにだ.
＝すてきな思い出をありがとう。

「あなたがいないと生きていけない」
"たんしにおぷそみょん さるすおぷそよ."
"さるすおぷそよ"は"もっさらよ"でもいいですね。
日本もそうですが，韓国も別れの歌が多いですね。

心をつかむひとこと

なぬんたんしにぴりょはむにだ.
＝私にはあなたが必要です。（**ぴりょ＝必要**）

なるるぽりじまらよ.
＝私を捨てないで。

なるる うるりじまらよ.
＝私を泣かせないで。

いじゅるすが おぷそよ.
＝忘れることができない。

ふへはじ あんすむにだ.
＝後悔してはいません。（**ふへ＝後悔**）

さらんへっとん くさらむ みおみおみお.
＝愛したあの人が憎い憎い憎い。

さらんまん あんげっそよ.
＝恋だけは2度としたくない。

103

11 仲直り

黙って悩むより，このフレーズ

　男女の仲は，何が起こるかわかりません。次の人とつきあってみて，初めて前の人の良さがわかったりします。

■「仲なおりしよう！」
　"**ふぁへはぷしだ！**"

　"**ふぁへはだ**" が「仲なおりする」，"**ふぁへはぷしだ**"「仲なおりしよう」となります。"**ふぁへ**" ＝ "**和解**"。

　とにかく仲なおりするには，折れる（あやまる）しかありません。どちらがかって？　より惚れている方に決まってるじゃありませんか。

　心をつかむひとこと

　みあん ちぇが ちゃるもてっすむにだ.
　＝ごめん，私がいけなかった。
　ちぇが ぱぼよっそよ. ＝私がバカでした。
　たんしんぬる おへはごいっそった.
　＝あなたを，誤解していました。（**おへ**＝誤解）
　いでろぬんしろよ ふぁへ はごしぽよ.
　＝このままじゃいや，仲なおりしたい。
　ちょど ふぁへ はごしぷすむにだ.
　＝私も，仲なおりしたいです。

■「私には，あなたしかいません！」
　"**ちょえげぬん たんしんぱっけ おぷすむにだ！**"

　というわけで，めでたく元のサヤにおさまります。そしてそれから先はますますお熱い "**さらんえ せげ**" ＝

PART5 男と女の「愛のひとこと」

「愛の世界」が、″きだりごいっすむにだ″＝「待っています」。

心をつかむひとこと

たんしんねまる ちぐむど きおっかごいっそよ.
＝あなたの言葉，今もおぼえています。（きお＝記憶）

くむそげそ たんしんぐゎ いやぎへっそっそよ.
＝夢の中で，あなたとお話ししていました。

たしまんなそ ちょんまる きぷむにだ.
＝また会えて，本当にうれしいです。

さらんうん あるすおむぬんごしえよ.
＝愛ってわからないものね。

さらむる さらんはぬんごすん めうおりょおよ.
＝人を愛することはとても難しい。

いろっけど さらんい けろうるちゅる あらったみょん.
＝こんなに愛が苦しいものと知っていたら……。

■ 「私達，最高のカップルね」
　″うりどるんちぇごえカップりや″

　ノ・サヨンのヒット曲″にまんなむ″＝「出会い」というのがあります。″うりまんなむん，うよにあにゃ.″＝「私達の出会いは偶然ではないのよ」と言っています。

　何億という男性と女性がいて，その中で2人が出会うのは偶然ではないと。出会う前から決められていた約束事だったと歌っているのです。なるほどと思いました。そしてそれが日本人と韓国人のカップルだったら……。歌の通り偶然ではなく，運命なのでしょう。

　″なぬん たんしんぬる ちょんまる さらんへ.″
＝「私は，あなたを，本当に愛しています」

12 結婚

愛に国境はない。言葉の壁を越えて

ついに2人はゴールインすることになりました。国際結婚ですね。自由な時代とはいっても、やはりいろいろなハードルが待ち受けているでしょう。しかし2人の"**さらんえパワー**"=「愛のパワー」があれば、何がおきても"**けんちゃなよ.**"=「大丈夫」でしょう。

■「結婚してください」
"**きょろんへちゅしぷしお.**"

"**きょろん**"は何度も出てきた漢字"**結婚**"の韓国読み。英語の"Will you marry me？"ですね。

"**きょろんへちゅせよ.**"=「結婚して」と言われた相手は、何と答えるのでしょうか？ "**あに**"=「いいえ」と答えることはないでしょう。100パーセント"**ねー**"=「はい」でしょうね。それがわかっているから申し込んでいるのです。

心をつかむひとこと

きょろんしぐん おっとけはむにか？
=結婚式はどうしようか？

いるぼんぐわはんぐく とうぼんはじ あぬみょんあんでねよ.
=日本と韓国、2回しなきゃならないね。

いるぼねそぬん いるぼんしぐろ はんぐげそぬん はんぐくしぐろはぷした.
=日本では日本式で、韓国では韓国式にしよう。

PART5 男と女の「愛のひとこと」

くろな ちょん やんしぐろどはごしぽよ。
＝でも，あたし，洋式でもしたいのよ。

はんぐくん そんにむ まにおしなよ？
＝韓国は，お客さん，たくさんくるの？

もるげっすむにだ. ＝わかりません。

うぇ？＝なぜ？

　　　　実は，韓国の結婚式は〝しんらん・しんぷ〞
（新郎＝新婦）に関係のない通りがかりの人が出
席してもわかりません。結婚式を見たことはあり
ませんが，土日の韓国は街中が新郎・新婦だらけ
です。

　　　「きょんぼっくん＝景福宮」などでは，まるで2
人をスターのようにビデオと写真のスタッフが取
り囲んで撮影しています。韓国に行かれた方なら
一度は見たことがあるでしょう。

心をつかむひとこと

しのんよへんうん，おでろかるかよ？
＝新婚旅行はどこにしましょうか？　（しのんよへん＝
　　　　　　　　　　　　　　　　　　　　　　　新婚旅行）

ちぇじゅどぬんおっとすむにか？
＝済州島はどうですか？　（ちぇじゅ＝済州）

ちぇじゅどぬんはんぐくいむにだ なぬん ちょるてみ
ろぐくえかごしぽよ！
＝済州島は韓国です。私は絶対，アメリカに行きた
い！（ちょるて＝絶対，みぐく＝美国）

くろな みぐくん のむもるご のむぴさむにだ.
＝しかしアメリカは遠くて，高いです。

けんちゃんすむにだ.
＝大丈夫です。

107

コーシンの"韓国小咄"⑤

何のために「カンパイ」?

韓国で乾杯のことは"**こんべ**"と言います。

韓国の乾杯は,文字通りの乾杯,つまり杯を乾すのです。ビールぐらいならいいのですが,ウィスキー,焼酎,マッコリとなんでもですからまいります。

一気に飲んだ後は,杯に滴の酒も残っていないことを証明するために,自分の頭の上で杯をひっくり返して見せるのです。正直というかなんというか,そこまで乾という字にこだわることはないと思うんですけどねえ。

ところで最近聞いた話ですが,韓国ではこのごろ乾杯のかわりに"**うぃはよ**"という言い方がされているんだそうです。"**うぃはよ**"とは「(~の)ために」という意味です。 キム・ジョンハンのヒット曲に"**さらんうるうぃはよ**"=「愛のために」というのがありますが,そこからきたのかもしれません。しかし考えてしまうのは,なぜ"**うぃはよ**"なのかです。「(~の)ために」だけでは,何のためになのかわからないではないですか。ぼくがそのことを言うと韓国人の友人は「だからそれぞれ,自分に合った理由を見つけてそのための"**うぃはよ**"でいいんですよ」と言う。

日本語だったら形にならないでしょう。「さあみなさんコップを持って下さい。それではいきましょう。"**ために!!**"」なんてね。しまりません。でも,われわれの乾杯も,何のためにとつけずに,ただ「乾杯!」とやっているときの方が多いんですよね。

PART 6

日本を紹介する

"なめとっく くげ ぽいんだ."
「他人のもちは大きく見える」
人のものが良く見える。「となりの芝は青い」と同じ。

言葉

日本語，漢字，ことわざ

日本に来る韓国人は，ほとんど日本語が話せます。語学留学の学生でさえ，下地は韓国で学んできています。

■「日本語を勉強したことありますか？」
"いるぼのるる こんぶはんちょぎ いっすむにか？"
たいてい"ねー"=「はい」という答えが返ってきます。そこで次の話ができます。(**いるぼの=日本語**)

日本を紹介する

おでそ こんぶへっすむにか？
=どこで勉強しましたか？ (**こんぶ=工夫=勉強**)
いるぼのぬん おりょぷすむにか？
=日本語は難しいですか？

■「女性語と男性語があります」
"よそんおわ なむそんおが いっすむにだ."
韓国語にはハッキリした男言葉・女言葉というのはありません。男らしく話すか女らしく話すかの違いだけですね。(**よそんお=女性語，なむそんお=男性語**)

■「文字が3種類あります」
"むんちゃが せーぢょんゆ いっすむにだ."
韓国でも常用漢字は2,000字を教えていますが，実際の印刷物はハングルばかりです。日本語の方が難しいんです。(**むんちゃ=文字，ちょんゆ=種類**)

110

PART6 日本を紹介する

■「大阪と東京で言葉は違います」
　"オオサカわトーキョーえまるんたるむにだ."
　韓国語で方言のことを"さとり"といいます。釜山の言葉はメジャーな方言で大阪弁と似ていますね。

■「とにかく日本語を勉強するのは大変です」
　"おっちぇとん いるぼのるるこんぶはぬんごすん
　ひむどるむにだ."
　ホント！その通りと言いたいですね。こんなにも難しい日本語を韓国人が勉強してくれるのですから，日本人もがんばりましょう。

■「日本にはこんなことわざがあります」
　"いるぼねぬんいろんそくたみいっすむにだ."
　ことわざは韓国人も大好きで会話によく使います。日本のと同じ，あるいは似たものもあります．
　"こっくぎょんぽだどとっく"＝「花より団子」
　これは韓国の"くむがんさんど しくぎょん"＝「金剛山も食後の景色」と同じですね。どんなすばらしい景色より食事の方が先という意味です。

　知っておくと便利な「ことわざ」

たりおむぬん まりちょんりかんだ.
　＝「足のない馬が千里を行く」＝「悪事千里を走る」
　　「足のない馬」とは，つまり「言葉」「うわさ」のこと。
かぬんまりこわや おぬんまりこぶた.
　＝「行く言葉が美しければ返る言葉もまた」
　　　　日本では反対の意味で「売り言葉に買い言葉」
　　　です。
ぺんむに ぷりょいるぎょにら.
　＝「百聞は一見にしかず」

2 すもう

韓国の〝しるむ〟とどう違う？

すもうは韓国にもあります。〝**しるむ**〟といいますが，レスリングに近いですね。土俵もちょんまげもありません。違いをいろいろ教えあうといいでしょう。

「日本のすもうを見たことがありますか？」
〝**いるぼんしるむるる ぼんいりいっすむにか？**〟

NHKのBS（衛星放送）で，韓国にもすもうは流れています。

日本を紹介する

すもうぬん いるぼねくくぎ いむにだ.
＝すもうは日本の国技です。

ていけすん おでそ さむにか？
＝チケットはどこで買うのですか？

いるにょんえ ゆくふぇ いっすむにだ.
＝１年に６回，あります。

ていけするさぬんごすん のむおりょおよ.
＝チケットを買うのはとても難しいです。

ちべそテレビるる ぽぷした.
＝家でテレビを見ましょう。

ぬぐえ ぺにむにか？
＝誰のファンですか？

いるぼんしるむん きいんよくさが いっすむにだ.
＝日本のすもうは長い歴史があります。

ちぇぐんえぬん うぇぐげそ おんさらむど いっすむにだ.
＝最近は外国から来た人もいます。

112

PART6 日本を紹介する

はんぐげそ おんさらみ くぢゅんえいっすむにか?
=韓国から来た人がその中にいますか?
ちょさらめ ちぇじゅんうん おっとけてむにか?
=あの人の体重はどれくらいですか?
しんじゃんうん おっとけてむにか?
=身長は,どれくらいですか?
もりえスタイルん チョンマゲらごはむにだ.
=頭のスタイルはちょんまげといいます
'オオイチョウ'ぬん くんうねんいらぬんういみいむにだ.
=「おおいちょう」は大きな銀杏という意味です。
いりょいるぷと たうむたうむいりょいるかじいむにだ.
=日曜日から次の次の日曜日までです。
ぱるすんてはみょん すんりいむにだ.
=8勝すれば勝ち越しです。

    すもう   **しるむ**

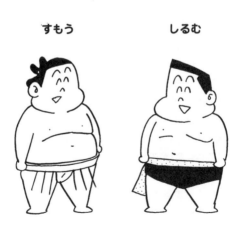

113

3 生け花，茶道

韓国人は生け花が大好き

　もともと韓国人は自然の花を楽しむことが好きなのですが，日本へ来て生け花を知ると好きになる人が多いようです。

　また最近では韓国でも生け花をたしなむ女性が増えていると聞きました。テレビドラマの中にも主婦が花を生けている場面がよく出てきますね。ぼくはその方面はさっぱりなので，あとは身振り手振りで教えてあげてください。生け花は〝こっこじ〟と言いますが，イケバナでもいいでしょう。

「生け花に興味がありますか？」

〝**イケバナ えふんみが いっすむにか？**〟

*ふんみ＝興味

　日本を紹介する

イケバナえぬんよろかじ りゅうぱがいっすむにだ.

＝生け花にはいろいろ流派があります。

（りゅうぱ＝流派）

ちょぬん ちゃぎゆぱいむにだ.

＝わたしのは自己流です。

はんぐげど こっこじるるはぬんさらみいっすむにか？

（こっこじ＝生け花）

＝韓国でも生け花をする人がいますか？

おっとんこっする ちょあはむにか？

＝どんな花が好きですか？

ちょぬんちゃんみるる ちぇいるちょあへよ.

＝わたしはバラがいちばん好きです。

114

はんぼねはんぐく こっするこっこじはごしぷすむにだ.
＝一度韓国の花を生けてみたいです。

茶道はそのまま韓国読みにすれば〝**たど**〟となります
がその名で韓国にあるのかはわかりません。

■ 「韓国に茶道がありますか？」
〝**はんぐげサドーが いっすむにか？**〟
[日本を紹介する]

**いるぼねそぬん サドぬん ちょるむん よそんえ げいん
きが いっすむにだ.**
＝日本では茶道は若い女性に人気があります。

　　　　チマ，チョゴリの座り方とキモノの座り方はだ
　　　　いぶ違います。韓国では正座は罪人の座り方とさ
　　　　れ一種の拷問のような感じです。

いろっけ あんじょちゅせよ.
＝このように，座ってください。

たりあぷみょん ちゃむちまらちゅせよ.
＝足が痛ければ，がまんしないでください。

サドーぬん ぽぎぽだぬんちゃむしっぷすむにだ.
＝茶道は見た目よりはるかにやさしいです。

はんぐくえちゃわ まし たるむにか？
＝韓国の茶と味が違いますか？

サドーぬん いえういえこんぶいむにだ.
＝茶道は礼儀の勉強です。

すご へっすむにだ. ＝おつかれさまでした。

115

④ キモノ

チマチョゴリとの違いは？

　韓国の女性はチマチョゴリを着ます。日本の女性はキモノですが韓国のチマチョゴリほどは着ないようです。キモノは一人で着るのが難しいからでしょう。値段もチョゴリに比べてかなり高いようですし……。

■「日本の着物を着たことがありますか？」
　"いるぼねキモノるるいぶんちょぎいっすむにか？"

▌日本を紹介する

ちょるむんよじゃぬん ほんじゃそ キモノるるいぶる すおぷすむにだ.
＝若い女の子は一人で着物を着ることができません。

いむぬん ぱんぼび のむ おりょぷすむにだ.
＝着る方法がとても難しいです。

くろな チョゴリぬん しゅぷすむにだ.
＝でも，チョゴリはやさしいです。

キモノるるいぷこいんぬん あがしぬん めうくぃよぷ すむにだ.
＝着物を着た娘さんはとてもかわいいです。

くごすんチョゴリど かっすむにだ.
＝それはチョゴリも同じです。

ぽとん おっとんて キモノるる いぷすむにか？
＝普通，どんな時に，着物を着ますか？

ちょんうぉる そんいんしく きょろんしくいむにだ.
＝お正月，成人式，結婚式です。

116

PART6 日本を紹介する

ちゃる おうるり むにだ

キモノえかぶん さむにか？ ぴさむにか？
＝着物の値段は，安いですか？高いですか？
めうぴさむにだ ぺんまんえんいさんえごっといっすむにだ.
＝すごく高いです。100万円以上のものもあります。
よるめぬんユカタるるいぷすむにだ.
＝夏にはゆかたを着ます。
ユカタど めうぴさむにか？
＝ゆかたもメチャメチャ高いですか？
あにむにだ ユカタぬん ぴさじあんすむにだ.
＝いいえ，ゆかたは高くありません。
おっとすむにか？ ちょいユカタもすぶん？
＝どうですか？わたしのゆかた姿は？
ちゃる おうるりむにだ. のむのむ いえっぽよ.
＝よく似合います。とてもきれいですよ。

117

5 日本の一年

季節ごとの話題を紹介する

春（ぽむ／ちゅん）

「3月3日はひな祭りです」

"さむうぉるさむいるん ヒナマツリいむにだ."

＊さむうぉる＝3月，さむいる＝3日

よじゃえーどるる ういはん ちゅくちぇいむにだ.

＝女の子のためのお祭りです。

こじょんちょぎんいんひょんるる ちにょるはむにだ.

＝古典的な人形を並べます。（**ちんよる＝陳列**）

＊こじょんちょく＝**古典的**。いんひょん＝**人形**。

「3月は受験シーズンです」

"さむうぉるん すほむシーズンいむにだ."

＊すほむシーズン＝**受験シーズン**

てぶぶね はっきょぬん さむうぉれ ちょろぷしぐるは
むにだ.

＝大部分の学校が3月に卒業式をします。

＊てぶぶん＝**大部分**，はっきょ＝**学校**

ちょろぷしく＝**卒業式**

よはくせんうん キモノるる いぷすむにだ.

＝女学生がキモノを着ます。　＊よはくせん＝**女学生**

「3月，4月はサクラの季節です」

"さむうぉるさーうぉるんサクラえけーじょりむにだ."

118

PART6 日本を紹介する

*けーじょる＝季節

いるぼんさらむどるん こっくぎょんうるのむのむ
ちょあはむにだ.

＝日本人はお花見がメチャクチャ好きです。

　＊いるぼん＝日本，くぎょん＝求景＝見物

く こっみってそパーティるるはむにだ.

＝その花の下でパーティをします。

「5月の連休はゴーデンウィークと呼ばれています」

〝おうぉれ よんひゅぬんゴーデンウィークらご ぷる
むにだ.〟

　＊おうぉる＝5月，よんひゅ＝連休

はんぐんまるろ まるはみょん はんぐむよんひゅらご
はむにだ.

＝韓国語で言うなら黄金連休です。

　＊はんぐく＝韓国，はんぐむよんひゅ＝黄金連休

「5月5日は子供の日です」

〝おうぉるおいるん おりんえなりむにだ.〟

　＊おうぉる＝5月，おいる＝5日

いえんなれぬん なむじゃあいるる ちゅっかはぬんな
りおっすむにだ.

＝昔は男の子を祝う日でした。

　＊なむじゃ＝男子，ちゅっか＝祝賀

「5月10日は母の日です」

〝おうぉるしぷいるん オモニえなりむにだ.〟

　＊しぷいる＝10日

ぷるぐんカーネーションるる プレゼントはむにだ.

＝赤いカーネーションをプレゼントします。

119

夏（よるむ／は）

■ 「6月は梅雨です」
"**ゆーうぉるん ちゃんま ちょりいむにだ.**"
　*ゆーうぉる＝6月
めーいる ぴがまにねりむにだ.
＝毎日，雨がたくさん降ります。（めーいる＝毎日）
ちゃんまちょり くんなみょん よるみ しじゃくはむにだ.
＝梅雨が終わると夏の始まりです。

■ 「6月はまた，結婚シーズンでもあります」
"**ゆーうぉるん きょろんシーズンいりどはむにだ.**"
　*きょろん＝結婚
はんぐくちょろむ ゆーうぉれ しんぷが まんすむにだ.
＝韓国のように6月の花嫁は多いです。
　*しんぷ＝新婦＝花嫁

■ 「7月7日は七夕です」
"**ちるうぉるちるいるん ちるそくいむにだ.**"
　*ちるそく＝七夕，ちるうぉるちるいる＝7月7日
きょぬわ ちんにょが うんはすえ やんちょげ いっすむにだ.
＝牽牛と織女が天の川の両サイドにいます。
　*きょぬ＝牽牛，ちんにょ＝織女
　うんはす＝銀河水＝天の川
**とうさらむん いるにょね はんぼんまん まんなるすい
っすむにだ.**
＝2人は1年に1回だけ会うことができるのです。
　*いるにょん＝1年

120

PART6 日本を紹介する

「7月下旬に，学校は夏休みに入ります」
〝ちるうぉるはすね はっきょぬん よるむぱんはくえ とらかむにだ.〟
　＊はすん＝下旬，はっきょ＝学校，ぱんはく＝放学＝休み

よるむひゅがぬん おっとけ ちねしむにか？
＝夏休みはどのように過ごすんですか？
　＊ひゅが＝休暇

「7月20日は〝海の日〟です」
〝ちるうぉるいーしぶいるん「ぱだえなる」いむにだ.〟
　＊ちるうぉる＝7月，いーしぶいる＝20日

「8月は，あちこちで花火大会があります」
〝ぱるうぉるん よぎちょぎえそ ぷるこっのりが いっすむにだ.〟
　＊ぱるうぉる＝8月

まんぱるいさんえ まーぬん ぷるこし おるらかむにだ.
＝1万発以上のたくさんの花火が打ち上がります。
　＊まんぱるいさん＝万発以上

「8月6日はヒロシマの原爆記念日です」
〝ぱるうぉる ゆぎるぬんヒロシマえ うぉんぽくき にょんいりむにだ.〟
　＊うぉんぽく＝原爆，きにょんいる＝記念日

「8月15日は終戦記念日です」
〝ぱるうぉる しぶおいるん ちょんじょんきにょんい るいむにだ.〟
　＊ちょんじょん＝終戦

121

秋（かおる／ちゅ）

■ 「多くの台風が上陸します」
〝 **まぬん てっぷんい さんゆくはむにだ.** 〟
　＊てっぷん＝台風，さんゆく＝上陸
くうぉるしぶおいるん きょんのえなりむにだ.
＝ 9月15日は敬老の日です。
　＊きょんの＝敬老，くうぉる＝9月，
　　しぶおいる＝15日

■ 「秋は〝芸術の秋〟といわれます」
〝 **かおるん「いえするえかおる」らごまるはむにだ.** 〟
　＊いえする＝芸術
くろな ちょえげぬん しぎょげかおるいむにだ.
＝しかし私には〝食欲の秋〟です。
　＊しくよく＝食欲

■ 「10月10日は体育の日です」
〝 **しーうぉるしぶいるんちぇゆげなりむにだ.** 〟
　＊ちぇゆく＝体育
**トウキョウオリンピックえ けえふぇきにょんいるいむ
にだ.**
＝東京オリンピック開会記念日です。
　（けぇふぇ＝開会）

■ 「ハロウィンは，日本でも人気があります」
〝 **ハロウィンぬん いるぼねそど いんきがいっすむに
だ.** 〟
　＊いんき＝人気

122

PART6 日本を紹介する

「各地でいろいろな祭りが開かれます」
〝かくちえそ よろかじ ちゅくちぇがよるりむにだ.〟
*かくち＝各地, ちゅくちぇ＝祝祭＝祭り

「11月3日は文化の日です」
〝しびりるうぉるさみるん むんふぁえなるいむにだ.〟
*しびるうぉる＝11月, むんふぁ＝文化

「11月15日は七五三です」
〝しびりるしぶおいるんヒチゴサンいむにだ.〟
せーさる たそっさる いるごぶさりてぬん あいどるれ
え ちゅくちぇいむにだ.
＝三歳, 五歳, 七歳になった子達のお祭りです。
*ちゅくちぇ＝祝祭＝祭り
ぷもわジンジャえかむにだ.＝親と神社へ行きます。

「菊の季節です」
〝くっくふぁえけーじょりむにだ.〟
*くっくわ＝菊花＝菊, けーじょる＝季節
くっふぁこすろいんひょんど まんどるすいっすむにだ.
＝菊の花で, 人形も作ることができるんですよ。
*いんひょん＝人形

「私たちはもみじ狩りを楽しみます」
〝うりどるん たんぷんのりるる ちゅるぎむにだ.〟
*たんぷん＝丹楓＝もみじ
たんぷんのりぬん ちょろむにどりデートコースえろど
てごいっすむにだ.
＝もみじ狩りは若者のデートコースにもなっています。

123

冬 （きょおる／とん）

■「12月は師走と呼ばれています」
　"しぶいーうぉるんシワスらごどはむにだ."
そんせんにむど たるりるちょんど ぱぶたらぬん ういみむにだ.
＝師も走るくらい忙しいという意味です。
　　＊そんせん＝先生，ちょんど＝程度，ういみ＝意味

■「私たちもクリスマスを祝います」
　"うりどるどクリスマスるるちゅっかはむにだ."
　　＊ちゅっか＝祝賀

■「お正月の準備でみんな忙しいです」
　"ちょんうぉる ちゅんびろもどうぱっぷむにだ."
　　＊ちょんうぉる＝正月，ちゅんび＝準備

■「大晦日には大掃除をして新年を迎える準備をします」
　"オーミソカえぬん てちょんそるるへ しんにょんる
　るまじはぬん ちゅんぴるるはむにだ."
　　＊てちょんそ＝大掃除，しんにょん＝新年，
　　ちゅんぴ＝準備
オーミソカぬん かじょくわぼねむにだ.
＝大晦日は家族とすごします。

■「1月1日を元旦といいます」
　"いるうぉるいりるる ガンタンいらごはむにだ."
いるぼねそぬん ちょんうぉるてみょんハツモウデえか
むにだ.

124

PART6 日本を紹介する

＝日本では，正月になると初詣に行きます。

ハツモウデ かっち かぷした.

＝初詣，いっしょに行きましょう。

■ 「日本のおもち，食べてみますか？」
〝**いるぼん トック もごぼげっすむにか？**〟

■ 「正月には，うちへ遊びにいらっしゃい」
〝**ちょんうぉれぬん うりちべ のるろおせよ.**〟
　＊ちょんうぉる＝正月

■ 「おせち料理，食べてみてください」
〝**オセチより もごぼしぷしお.**〟
　＊より＝料理
ちょんうぉれ とっぴょるより いむにだ.
＝お正月の特別料理です。
　＊とっぴょるより＝特別料理

■ 「成人の日は，20歳になった人たちを祝います」
〝**そんいんなれぬん すむるさりてぬん さらむどるる
ちゅっかはむにだ.**〟
　＊そんいん＝成人，ちゅっか＝祝賀

■ 「2月3日は節分の日，豆をまきます。〝鬼は外！
福は内〟と言います。」
〝**いーうぉるさむいるん ちょるぶねなる こんうるぷ
りむにだ 「とっけびぬんぱかって ぽぐんちべ」 らご
はむにだ.**〟
　＊いーうぉる＝2月，ちょるぶん＝節分，ぽく＝福

125

コーシンの"韓国小咄"⑥

韓国の中の日本文化

　かつて「鉄腕アトム」「タイガーマスク」「キャンディ・キャンディ」といった日本の漫画は海賊版として韓国に入り，大人気を博しました。日本に留学してきた学生が「日本はけしからん。わがアトムを盗んでいる」と怒ったくらいです。日本の漫画とわからないよう，韓国人の作品として発表されたからです。

　しかし今では，だれもが日本のものと知っています。金大中さんが大統領になった時，「隣国の文化を禁止しているのは異常である」と言い，日本文化の解禁を前向きに考えるとおっしゃいました。

　しかし韓国へ行ったことのある人ならご存じですね。事実は，日本文化はとっくに解禁状態なのです。日本の漫画の載ってない漫画雑誌は1冊もありません。ノレバンというカラオケに行けば，最新の日本のヒット曲を若者たちが歌っていますし，街を歩けばこれらのCDやテープが堂々と売られています。要するに "けんちゃなよ."＝「かまわない」状態なのです。しかし国の方針は相変わらずの "あんでよ."＝「ダメです」となっている。

　この "あんでよ" と "けんちゃなよ" を日本語で言うと「建て前」と「本音」になると思います。日本側が解禁を求めて騒ぐと，また今までのように「時期尚早」ということになるでしょう。だから放っておけばいいのです。漫画と音楽を通してぼくは韓国とつきあっていますが，まちがいなく両国は深くしっかりと交流をしあっていると思います。

PART 7

誤解をまねくひとこと

"のろるるぴはに ぽみなおんだ."
「のろ鹿さけたら虎が出た」
日本の「一難去ってまた一難」と同じ。

使わない方がいいことば

自分から言うのはやめましょう

　はじめて香港に行ったとき現地の子供達から「バカ，アホ，キンタマ」と言われました。

　ガイドの王さんは「あのことばを教えたのは，みんな日本の人ですから，怒らないで下さいね。子供は悪いことばをすぐおぼえます」と言いました。

　子供でなくてもその通りだと思います。例えばここに韓国語の男性器，女性器の言い方を書いたら，みなさんは，すぐにそれをおぼえてしまうでしょう。そして，使うでしょう。

　ですから，悪いことばはホントはおぼえなければよいのです。知らなければ使えませんからね。

　しかし，一方ではまた，知らないために言ってしまったひとことが問題になるということもあるわけで，難しいです。しかしまあ言葉というのは，人間の意志の伝達の道具ですので，悪意がなければ悪い言葉でも〝**けんちゃなよ**〟「＝大丈夫」と思う方が気が楽ですね。

　この本の中で，あなたに当ることばを〝**たんしん**〟としてきましたが，これは親しい者同士，あるいは目下の者に対して使うものです。夫婦の間では〝**よぼせよ．**〟＝「もしもし」の〝**よぼ**〟が「あなた」「おまえ」のニュアンスで使われます。

　韓国語の基本には儒教の精神があります。そのため他の外国語に比べて，大変尊敬語が発達したのです。ですから日本語の感覚で，〝**たんしん**〟は「あなた」だからていねいな言葉だろうと思って目上の人に使うと，とんで

PART7 誤解をまねくひとこと

もない礼儀知らずな人ということになってしまいます。気をつけましょう。相手に肩書があれば名前にそれをつけ，さらに日本の「様」にあたる"任（にむ）"をつけます。"金社長任（きむさじゃんにむ）""朴部長任（ぱくぷじゃんにむ）"といった具合です。

学校の先生なども，ただ"先生（そんせん）"だけでは普通の「さん」ぐらいになってしまうので，やはり"任（にむ）"をつけて"李先生任（いーそんせんにむ）"と言います。日本語にすると「李先生様」となるわけで，へりくだりすぎの感もありますが，韓国ではこれが常識なのです。

韓国人が人をののしる時に使うのが"のむ"という言葉です。"いのむ"というと「この野郎！」の感じになります。

そして，その野郎が日本人だった場合は"うぇのむ"となります。アメリカ人のような外人の場合は"やんのむ"です。"やん"は"洋"の韓国読みですね。日本語の「こん畜生」の「畜生」にあたるのが"せっき"です。"せっき"とは動物の子の意味ですが，そんなかわいいものではなく，最大限に相手をののしるときに使います。日本から留学した関さんという人が自己紹介したら大ウケにウケたわけがわかりますね。

以下のセリフは，自分から言うのはやめましょう。相手に言われたときに意味がわかれば，それで十分（？）です。

せっき !! ＝この野郎 !!
いーせっき !! ＝こん畜生 !!
いーぴょんしん !! ＝このまぬけ野郎 !!
ちょっぱり !! ＝日本人野郎 !!
なが !! ＝出て行きやがれ !!

129

2 誤解されないために

「バカ」「ブス」は絶対ダメ！

　NHKの教育テレビの語学番組で〝韓国語〟は一番遅くスタートしました。なぜかというと韓国語というタイトルが使えないからです。同じように朝鮮語というのも使えません。

　どちらを使っても，どちらかから文句が来るからです。北朝鮮は韓国のことを「南朝鮮」と呼んでいます。同じように韓国は北朝鮮のことを「北韓（国）」と呼んでいる。同じ言葉が使う人によって韓国語であったり朝鮮語であったりするわけです。

　困ったNHKはタイトルを「○○語入門」とせずに「アンニョンハシムニカ，ハングル入門」としたのでした。まあそれはよかったのですが，おかげで「ハングル語」などという変な言葉ができてしまった。

　ハングルというのは，字の名前ですから「英語」のことを「アルファベット語」というようなもので，ちょっとおかしいのですけどね。ァまァしかたありません。

　ところで，ぼくは韓国人から教えてもらったのだから「韓国語」であると思ってますし，人にもそう言っています。この本のタイトルにあるとおりです。

　韓国では原則として〝朝鮮〟という言葉を使いません。〝韓半島〟であり〝韓国人〟であり〝韓国民謡〟，〝韓服〟，〝韓食〟であり〝韓国語〟なのです。例外的に「朝鮮日報」とか「朝鮮ホテル」などもありますが，それは特別と思った方がいい。

　この〝朝鮮〟という漢字は〝ちょそん〟と発音します

PART7 誤解をまねくひとこと

が，日本人がこれを言うと反発を受けます。ちょそんでなく日本式に「ちょうせん」と言うとさらにひどくなる。

日本人がこれを口にすると，**韓国人**は２つの意味で受け取るのです。ひとつは**北朝鮮**つまり**北韓**の意味です。そしてもうひとつは昔の日本人が使った侮蔑的な言葉としてカチンとくる。**朝鮮**という言葉を使う**韓国人**がいたとしても，あなたは使わない方がよろしい。ウソだと思ったら「おいそこの**朝鮮人**」と言ってごらんなさい。まちがいなく，寄ってたかってボコボコにされますから。**韓国人 (はんぐぎん)** = 〝はんぐんさらむ〟でいいんです。

もうひとつ気をつけたいのが，「通じる日本語」です。

まず，「バカ」は絶対いけません。**韓国語**では〝ぱぼ〟といいますが，それよりきつく相手は受けとってしまう。バカという言葉は，日本人同士なら，親愛の情の表われとしても使われますね。「バカウマ」とか「バカ陽気」など。しかし韓国ではこれらの言い方もダメです。「バカ」という言葉のマイナス面だけが伝わってしまうのです。

事情は韓国だけでなく，中国でも同じようです。中国残留孤児が，日本で家族と対面をしたときのことです。少し日本語のできる孤児と日本の家族が抱き合ってオイオイ泣いている。親戚の人がもらい泣きしながら孤児の肩をたたいて「バカね，バカね」と言ったら，泣いていた孤児が怒りだして「私はバカではない‼　なぜ私がバカなのか‼」と食ってかかってきたそうです。

ブスもだめです。日本語だから通じないだろうと思ったら大間違いで，そこだけ，しかも日本での意味よりキツく通じてしまうのです。**韓国**は大変美人の多い国ですが，もちろん全員がというわけではありません。

131

3 嫌われる話し方

"ぱんまる"は使わない方がよい

　"韓国"には"ぱんまる"という言葉があります。

　これは親しい者同士が使う，ぞんざいな言葉です。この本の中で見てきた"あんにょんはしむにか？"を"あんにょんはせよ？"とするような，くだけた言いかたとは違います。「てめえ，このやろう」というような，べらんめえ調の言葉です。

　この"ぱんまる"は，気心のわかった仲の良い者同士の会話にはいいのでしょうが，外国人，特に日本人が使うと嫌がられます。

　なんとなくわかる気がしますね。日本に来ている外国人の中にも，日本語がたいへん上手な人がいます。そんな人に「オレがよ，昨日こましたスケとよう」なんてやられたら「なんだコイツ」と思うでしょう。

　じつは，そういう金髪の白人が一人いたのでした。本人に悪気はないのですが，なんというか，やはり合わないのです。なにか自分の悪いところを相手に見せつけられているような，そんな不快感を持ってしまう。

　少し韓国語のできる方なら経験がおありだと思います。今まで自分にわかる話をしていた韓国人が，友人と話し出すとその韓国語がまったくわからなくなってしまうことがある。つまりこれが"ぱんまる"なんですね。ですから"ぱんまる"は聞いてわかるだけにしておくのがよいと思います。

　しかし，これが難しいんですね。韓国語は目にやさしく耳にきびしい言葉と言われますが，なるほどナットク

PART7 誤解をまねくひとこと

します。一番いいのは韓国映画を見ることでしょう。

映画の中の言葉には，たくさんの〝ぱんまる〟が出て
きます。庶民が仲間同士で会話しているときの言葉など
100 パーセント〝ぱんまる〟です。

最近は日本のレンタルビデオ店にも韓国映画がいろい
ろ置いてあるようになりました。日本でもヒットした
「桑の葉」＝〝ぽん〟とか「風の丘を越えて」＝〝そびょ
んちぇ〟とかです。ぜひ，おすすめしたいのはこの〝そ
びょんちぇ〟の監督**林権沢**が撮った娯楽映画〝ちゃんぐ
んえあどる〟＝「将軍の息子」です。3 部作ですが，アク
ション活劇シーンたっぷりの面白い作品です。日帝時
代の話ですが，そんな暗さなどみじんもなく，日本のヤ
クザと韓国のヤクザがそれこそ「仁義なき戦い」を見せ
てくれます。全編これ，〝ぱんまる〟の大洪水です。

韓国語をよく理解して使いたい表現

ね ちぃみぬん よんふぁかんさんいむにだ.

＝私の趣味は映画鑑賞です。

　＊**ちぃみ＝趣味　よんふぁかんさん＝映画鑑賞**

おっとん よんふぁるる ちょあはしむにか？

＝どんな映画がお好きですか？

はんぐっよんふぁるる ちょあはむにだ.

＝韓国映画が好きです。

**はんぐっよんふぁるるぽみょんそぽとんまるるこんぶ
はごいっすむにだ.**

＝韓国映画を見ながら〝普通語〟を勉強しています
（ぽとん＝普通）。

133

④ 東方礼儀之国

「礼儀知らず」と言われないために

　韓国には，儒教の中でも一番きびしいといわれる朱子学の精神が深く根づいています。

　自ら名乗って「東方礼儀之国」と言っています。ですから言葉づかいはもちろんですが，態度も礼儀正しくしなければいけないのです。めんどくさいよーほんとに。

　例をあげましょう。
① タバコは目上の人の前では吸ってはいけない。ただし相手が許可をしてくれたら吸ってもよい。
② 酒を相手につぐときは，右手のひじに左手をそえる。これは相手についでもらうときも同じ。コップを持つ手のひじに左手をあてる。握手をするときも同じ。昔，韓服のたもとを押さえたなごりと言われています。
③ 酒を飲むときは，左手で壁を作って杯をかくし，横を向いて相手に酒を飲んでいるところが見えないようにする。うまくもなんともないです，こんな酒。
　その他にもいろいろあります。
　まァ，とりあえずは尊敬語を使っておけば大丈夫でしょう。そこでここでは，尊敬語について紹介しておきましょう。

尊敬語あれこれ

かむさはむにだ　こまぷすむにだ.
＝感謝します，ありがとうございます。
ちょんまる　こまぷすむにだ.
＝本当にありがとうございます。

134

PART7 誤解をまねくひとこと

ちんしむろ かむさ とぅりむにだ.
=心から感謝いたします.
よろかじろ しんせまにちょっすむにだ.
=いろいろと, お世話になりました.
そんういえ かむさ とぅりげっすむにだ.
=お心遣い, ありがとうございます.
ちょんまる むぉらご かむさまるすむ とぅりょやてる
はるちもるげっすむにだ.
= 本当に何と（感謝の言葉を＝お礼を）申しあげたら
　　よいかわかりません.
ちょんそんこっ じゅしぬん ぺえりょえかむさとりむ
にだ.
=心のこもったご配慮に感謝いたします.
まじゅんなわじゅしょそ かむさはむにだ.
=おでむかえいただき, ありがとうございます.
ちぇばる よんそへじゅしぷしお.
=どうか許してください.
ちょんまる ちぇそんはむにだ.
=本当に申しわけございません.（**ちぇそん**＝**罪悚**）
もんじょ さぐぇまるすむ とぅりげっすむにだ.
=まずはおわびを申しあげます.
ぬじょそ ちぇそんはむにだ.
=遅れまして申しわけありません.
きだりげへそ ちぇそんはむにだ.
=お待たせして, 申しわけございません.
すごるる きちょそ ちぇそんはむにだ.
=お手数をおかけしまして, 申しわけございません.
ぽんごろぷけへそ みあなむにだ.
=ご面倒をおかけしてすみません.

135

5 政治，歴史，思想の話

豊臣秀吉，安重根，独島etc.

　韓国人は世界でも珍しいくらい政治，歴史の話が好きな民族です。過去にいろいろひどい目にあったことと，それが現在に続いていることが関係しているのかもしれません。

■ 「日本と韓国の間には深い歴史があります」
"いるぼんぐゅはんぐげ さいえぬん きっぷんよくさ がいっすむにだ."
　　＊よくさ＝歴史

■ 「わたしは，韓国の歴史に興味があります」
"ちょぬん はんぐくえよくさえ ふんみがいっすむにだ."

■ 「悲しい話もいっぱいあります」
"するぷんいやぎど まに いっすむにだ."

　韓国人の歴史の話というと，まず豊臣秀吉の2回におよぶ侵略でしょう。加藤清正や小西行長などという武将の名も出てきます。

　そして一番の英雄・李舜臣将軍の活躍です。実はこれ，韓国の大河ドラマの定番なんですね。ですからみんな，当時のことをまるで見てきたかのように喋ることができるのです。

PART7 誤解をまねくひとこと

■ 「李舜臣将軍は立派な人です」
"い すんしんちゃんぐんぬん ふるりょんはん さら
むいむにだ."

■ 「豊臣秀吉をどう思いますか？」
"ぷんしんすぎるる おっとけせんがくはむにか？"

■ 「日本では英雄ですけれど……」（よんうん＝英雄）
"いるぼねそぬんよんぬんいむにだまん……."

　それから，やはり36年におよぶ "日帝時代" ＝ "いる
ちぇしで" の話になるわけです。なにしろたっぷり学校
で教えられているから強い。李舜臣の代りにここで出て
くるのが，伊藤博文を暗殺した安重根です。

■ 「安重根義士をどう思われますか？」
"あんじゅんぐんういさるる おっとけせんがくはむ
にか？"

■ 「すみません。よくわかりません」
"みあねよ ちゃるもるげっすむにだ."

137

コーシンの"韓国小咄"⑦

"私はチョッパリ"です

韓国人が日本人を悪くいう時の言葉が"ちょっぱり"です。"ちょっぱり"とは偶蹄目のひずめの意味です。日本人は下駄とかぞうり，足袋などをはきますね。その形から，日本人は足を2つに分けた畜生と同じだというのです。

これを知らない日本人は意外に多いですね。日本人観光客がぞろぞろ歩いているとよく小学生達が"ちょっぱりー"とはやしたてています。観光客たちは意味がわからないから，唯一知っている韓国語で"かむさはむにだ."なんてお礼を言っている。変な光景です。

ぼくも1度，原州に行った時，小学生達にこの"ちょっぱりー"をやられました。そこで"うりどるん ちょっぱり あにむにだ いるぼさらみむにだ."＝「われわれは，チョッパリではない，日本人です」と言うと，小学生達はしゅんとなってしまいました。"ちょっぱり"に似た言葉で"ぱんちょっぱり"というのがあります。これは文字通り"半ちょっぱり"，つまり半分日本人という意味で，在日韓国人を悪く言う言葉なのです。

ぼくにはソウルに住む在日の友人がいます。自分と彼女を韓国人に紹介する時，"ちょぬんぼんちょっぱり くりごくにょぬんぱんちょっぱりむにだ."＝「ぼくは本当のチョッパリで，彼女は半分チョッパリです」と言います。お笑いでウケることもありますが，たいてい，困った顔をされます。

PART 8

韓国語
"連想暗記術"

"ぱぬる くもんうろ はぬるぽぎ."
「針の穴から空を見る」
視野の狭さをいさめる言葉。
日本の「よしのずいから天井のぞく」と同じ。

何度も音読して覚えよう

　ここでは，韓国語を覚えはじめると，ぜひ使ってみたくなるような会話を集めました。そして，手っとり早く，楽しんで身につけるための「コーシン式・韓国語の覚え方」を考えてみました。

①まずはニッコリ笑って「あんにょん歯せよ」

　「こんにちは。いいお天気ですね」
　"あんにょんはせよ. ちょうんなるしくんにょ."

　　　文字通り韓国語の第1歩。ヨチヨチ歩きの韓国語でも，"あんにょん"さえ上手なら大丈夫。『「こんにちは」は，ニッコリ笑って歯を出して「あんにょん歯せよ」』と覚えましょう。

②「火貸せよ」「火消せよ」で「さようなら」

1)　「それじゃ，さようなら。また来週の金曜日に会いましょう。気をつけて帰ってね」
　"くろむ あんにょんひかせよ. たうむちゅくむ みょいれ とまんなよ ちょしみ かせよ."

　　　残る人は去る人に「あんにょん火貸せよ」と，タバコの火を借りる。

2)　「もう行かなくちゃ。さようなら。また電話しますね」
　"いじぇ かやげんねよ. あんにょんひけせよ. たし ちょんはぁ はるけよ."

　　　去る人は残る人に「あんにょん火消せよ」と火の始末を注意する。

140

PART8 韓国語 "連想暗記術"

意味はどちらも「さようなら」。

③「噛むさハムにだ」で「ありがとう」

「御馳走さまでした。ありがとう。とてもおいしかった」
"ちゃるもごっすすむにだ. かむさはむにだ. ちゃむ ましそっすむにだ."

　ハムをもらったら「ありがとう」と言って
噛みつく。だから「噛むさハムにだ」！

④「身は涙」で「ごめんなさい」

「ごめんなさい。仕事の都合で，どうしても行けなくなりました」
"みあなむにだ いるてむね とじょひ かるすおぷけておすむにだ."

　「みはなみだ」でなく "みあなむにだ" と
言いましょう。

⑤「乾杯」の音頭は，林家「こん平」師匠

「金さんと朴さんの幸せを祈って，乾杯！」
"きむしわぱくしえ へんぼぐるぴるみょ こんべ！"

　「こんぺ」ではなく，"こんべ" です。

⑥「もしもし」と「予防せよ」

「もしもし，金さんのお宅ですか？
私，藤原と申しますが，敬珉さんいらっしゃいますか？」
"よぼせよ きむしてぎむにか？"
ちょぬんフジワラらごはむにだまん キョンミンしけしんがよ？"

141

⑦「久しぶり」だぜ,「俺ガンマニア」

「久しぶりです。元気？　いまどうしてるの？」
"おれがんまんにや。ちゃるいっそんに？　よじゅむ
おっとけちねごいっそ？"

　　帰ってきたガンマンが恋人に「俺ガンマン」
　と言ってニヤッと笑えば「久しぶり」となる。

⑧「ブツ高えよ」, 値引きを「お願いします」

「すみませんが, もうすこし静かにしてもらえませ
んか？　眠れないんです。お願いします」
"ちぇそんはむにだまん ちょむちょよんひへちゅ
しじあんげっすむにか？　ちゃむすがおぶすむに
だ。ぷったけよ"

　　「ぶった」でなく"ぷったけよ"と発音す
　ること。「値引きしてよ, お願い」と言ってい
　るところを想像するといい。

⑨「俺」は「どこ」？

「いま, どこにいるの？」
"ちぐむ おでぃえいんに？"

　　ナマリのある人が, 道に迷ったところ。

⑩「居っそよ」はそのまま「居ます」

1)「私は自宅から大学に通っています」
"ちょぬん ちゃてげそ てはげ たにごいっそよ"

2)「あなたは, 下宿しているんですか？」
"たんしぬん はすかごいっそよ？"

　　語尾を上げれば疑問文"いっそよ？
　(↗)"（＝いますか？）になる。

142

PART8 韓国語 "連想暗記術"

⑪「です・ます」は "いえよ" と言えよ

- 「3人兄弟の，真ん中です」
- "さむひょんじぇちゅんえ かうんでいえよ."

　　"～いえよ" を付けると「～です」になる。

　　語尾を上げれば，疑問文になる。

⑫ キスを「下さい」で「チュせよ」

- 「すみません，そこのキムチを取ってください」
- "ちぇそんはむにだ くキムチちょむ ちぼちゅせよ?"

　　なんでも，「下さい」というときは "ちゅせよ"。「～して下さい」のときは "へちゅせよ" でOK。

⑬「シッポ」振って「したいよー」

1) ┌「ああ，お腹すいた。イタリア料理が食べたいな」
　└ "ああ ぺこぱ. イテリよりがもごしぽよ."

　　「～したい」というときは "～しぽよ"。"かごしぽよ" なら「行きたい」。"はごしぽよ" なら「やりたい」になる。

2) ┌「渋谷に映画を観に行きたい」
　└ "シブヤえよんふぁぼろかごしぽよ."

⑭ 値段を聞くのは，「織る前よ」

- 「ごちそうさま。4人分合わせて，いくらですか?」
- "ちゃるもごっすむにだ. ねみょんぶん はぺそ おるまえよ?"

　　「いくらですか?」ということ。「織る前に値を聞く」と覚えよう。

143

⑮「安い」宿で，「さあ寝よう」

1) ┌「これだけ食べて１０００円？ 安いね」
   └ "いちょんど もっこ ちょねん？ さねよ"

   "さむにだ"の口語形。「安い」が"さね
   よ"，「高い」は"ぴ"をつけて"ぴさねよ"。
   「ピサの斜塔は高い」と覚えよう。

2) ┌「その服が１万円？ 高いね」
   └ "くおっしまねん？ ぴさねよ."

⑯ "かぼちゃ"の馬車で「行ってみよう」

┌「原宿にできた韓国料理店，すごくおいしいらしい
│ よ。行ってみよう」
│ "ハラジュクえせんぎん はんぐくうむしくちょむ,
└ ちょんまる ましたごはどぐんにょ. かぼちゃ."

   「見よう」は"ぼじゃ"。「行って」の
   "か"を付けて"かぼちゃ"となる。

⑰「蚊じゃ」，あっちへ「行こう」

┌「あと５分で開演だ。行こう」
└ "おぶんふみょん よんぐぎしじゃくとぇ かじゃ."

⑱「蝶夢」は「はじめて」だ

┌「私，韓国語を話すのは，はじめてです」
│ "ちょぬん はんぐごろ まるはぬんごすん
└ ちょうむいえよ."

   "ちょうむ"は「はじめて」の意味。"ち
   ょうむ"に，「です・ます」の"いえよ"を付
   ければ「はじめてです」になる。

144

PART8 韓国語 "連想暗記術"

⑲飲んだ方が "ましじゃ", 「飲もう」

「ああ, やっと終わった。1杯飲もうよ」
"やとぅでぃお くんなった
はんじゃんましじゃ."

⑳むすんで開いて「何曜日」?

「10月3日って, 何曜日だっけ?」
"しうぉるさみりみょん むすんよいるいどら?"

㉑「上」は「なぜ」, 上か?

「なぜ, 韓国料理は辛いの?」
"うぇ はんぐんよりぬん めうんがよ?"

㉒「夫毛」は「どのように」?

「東京からソウルまで, どのように行くのが一番安
いかな?」
"トンギョンえそソウルかじ おっとけ
かぬんごしかじゃんさるかよ?"

> 夫の髪の毛がどのように生えてるか, 興味
> 津々の妻の姿を思い浮かべて……。

㉓"あらよ" 出前一丁, 「知ってる?」

「新宿行きの終電の時間, 知ってる?」
"シンジュクへん ちょんちゃしがん あるごいっ
そよ?"

> 知っていれば "あらよ!", 知らなければ
> "もらよ!" と覚えよう。

㉔「胃毛燃えよ」は「これなーに?」

「これ, なに?」
"いげ もえよ?"

胃の毛が燃えれば, 何事かと思う。「これは
何ですか?」と聞きたくなる(ちょっと苦し
いけど)。

㉕"こんぶ"を食べて「勉強」だ

「韓国の歴史を, 勉強してみたい」
"はんぐげ よくさるる こんぶへぽごしぽよ."

㉖「智恵美」の歌は「おもしろい」

1) 「あなたって, おもしろい人だね」
"たんしぬん ちぇみいんぬん さらみくんにょ."

「ちえみ」でなく"ちぇみ"と発音するこ
と。"ちぇみ"だけだと「楽」という意味。
"ちぇみ"に"いった"を付ければ「おもし
ろい」。"ちぇみ"に"おぷた"を付ければ
「おもしろくない」。

2) 「この芝居, 思ったよりおもしろくないね」
"いよんぐぐゅん せんがくへっどんごぱだ ちぇみ
おぷくにょ."

㉗「三好」君,「何時」ですか?

「いま, 何時ですか?」
"ちぐむ みょっしいむにか?"

「みよし」ではなく"みょっし"と発音す
る。です・ますの"いえよ"を付けて「みょ
っしいえよ?」とすれば, 時間が開ける。

146

本書は二〇〇九年九月に弊社で出版した書籍を新たに改題改訂したものです。

すぐに使える「ひらがな韓国語」

著 者	高 信太郎
発行者	真船美保子
発行所	KK ロングセラーズ
	東京都新宿区高田馬場 2-1-2 〒 169-0075
	電話 (03) 3204-5161(代) 振替 00120-7-145737
	http://www.kklong.co.jp

印 刷	太陽印刷工業(株) 製 本 (株)難波製本

落丁乱丁はお取り替えいたします。※定価と発行日はカバーに表示してあります。

ISBN978-4-8454-5096-1 C0287 Printed In Japan 2019